表現指導法

感性を育て、表現の世界を拓く

上野奈初美 編著

萌文書林

第 12 章　発表会「海に遊ぶ」　深海・イソギンチャク

身

第 12 章　発表会「海に遊ぶ」　さざ波から大波へ

第 12 章　発表会「海に遊ぶ」　太陽の方向へ

第3章　スキップA（前後に移動）

第4章　エアーゲートボール

体

第3章　スキップB（弧を描いて）

第13章　秋を感じる発表会　①プログラムを決める

音

第13章　秋を感じる発表会
⑤舞台を見ながらハンバーガーを食べる子ども

第13章　秋を感じる発表会　②準備

第13章　秋を感じる発表会
④ハンバーガー屋さん

楽

第13章　秋を感じる発表会　③本番の舞台

ピアノの演奏に合わせて揺れる子ども

「まつぼっくり」を歌いながら手合わせをして遊ぶ子ども

ピアノ即興演奏に合わせて踊る子ども

第5章　コラム　グロッケンでいろいろな音を楽しむ（2歳児）

第7章　丸いぐるぐる円

造

第7章　展開図的表現

第7章　基底線

第7章　異時同存表現

第7章　多視点描法

第7章　レントゲン描法（靴内部の足指）

形

第7章　拡大・誇張表現

造形

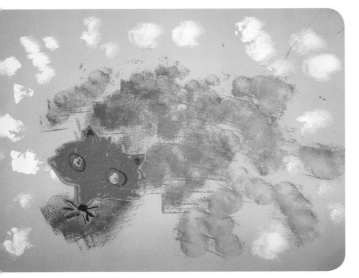

愉しく表現活動
接着剤を塗っている子ども（5歳）

第14章　題材テーマ2「冬の動物園を描く」

愉しく表現活動
ポップコーン屋さん（5歳）

第14章　題材テーマ1「動物の雪のおうち」

愉しく表現活動　劇発表会（5歳）

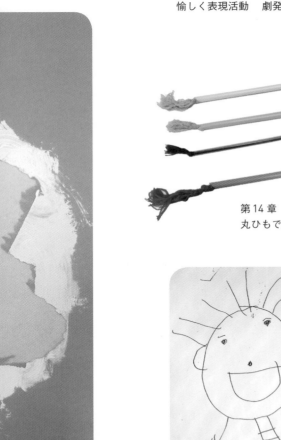

愉しく表現活動　僕の考えた大きな家。
スケッチブックを2枚使って（5歳）

第14章　ストローと
丸ひもで作った筆

第7章　頭足人

第10章　お店屋さんごっこの看板

第10章　鏡文字

第10章　「い」のつく言葉さがし

第10章　絵本の劇遊び。お面をつけた子ども

第9章　グループの
名前を決めよう

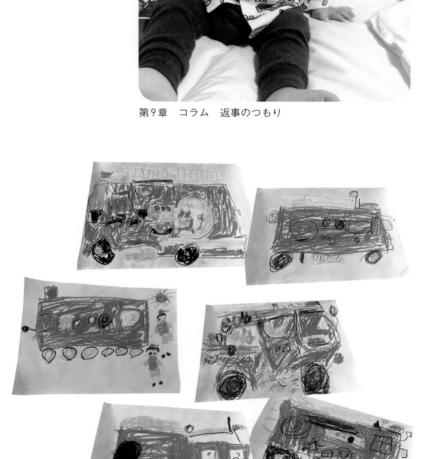

第9章　コラム　返事のつもり

第9章　部分実習指導案「消防車がきたね」

　写真提供／小田原市公立幼稚園、箱根町仙石原幼児学園

はじめに

　2017（平成29）年の幼稚園教育要領、保育所保育指針、幼保連携型認定こども園教育・保育要領の改訂（定）に伴って新しい教育課程が始まりました。

　保育における表現に係る領域は、音楽、図画工作、体育といった「基礎技能」から、音楽、身体、造形、言語（言葉）の4領域からなる「保育表現技術」系科目を経て、「保育内容の理解と方法」として改定されました。その中で、「保育の環境」とともに捉えられるべき「子どもの生活と遊びにおける体験の例」として、今日示されるにいたっています。教職の新課程では、領域に関する専門的事項を学ぶ「表現」と、具体的な指導法を扱う「表現指導法」を並列して科目配置することが定められました。このような背景を踏まえ、本書は、学生自らが自学自習できる、読み進めるうちに理解が深まるといった「表現指導法」のテキスト作成を念頭に執筆しました。学生自身の表現力を向上させるとともに、子どもたちに表現することの素晴らしさを伝える術を育成することが、本書に課せられた使命と考えています。

　各執筆者は、学生が単に技能の習得に終わるのではなく、様々な表現領域を相互に関連づけながら学べるような編纂を心がけました。特に、豊富な指導案を掲載し、多くの魅力的な実践例も取りあげています。取りあげた事例をもとに創意工夫しながら、子どもたちの表現の世界を拡げていってほしいと思います。本書が子どもの感性を育て、創造性を培う援助者（保育者）となる皆さんのお役に立てればと願っています。

2020年3月　編著者　上野奈初美

本書の構成と活用について

　本書は、子どもの表現活動を、様々な側面から総合的に捉えることを基本として構成されています。

　第1章と第2章（PART1）は、領域「表現」のねらいおよび内容について、「これだけはぜひ学んでほしい」といった知識に関する基礎的な事項について簡潔に述べています。

　第3章から第10章（PART2）は、身体、音楽、造形、言語といった4つの領域を深く掘り下げています。それぞれ「STEP1 基礎理論」、「STEP2 自分でやってみよう」、「STEP3 保育の現場でやってみよう」という共通の視座に立った記述をしています。前述のように、自学自習できることをコンセプトにしていますので、「STEP1 基礎理論」では、まず知識の定着を図っていただきたいと思います。次の「STEP2 自分でやってみよう」は、学んだ知識をもとに、書かれている内容が理解できているかどうか、自分で確認しながら実際に表現を行ってみることが大切です。続く「STEP3 保育の現場でやってみよう」では、掲載されている指導案を有効に活用しながら子どもと関わっている場面や状況を想定し、シミュレーションを重ねていく作業が必要になってきます。なお、指導案については各執筆者の活動への捉え方により、それぞれ異なる書式になっています。

　さらに、第11章から第14章（PART3）では、「季節」をキーワードとして、どのような表現活動が展開できるか、総合的な展開例を示しました。ここでは、各領域の執筆者の独自性を活かしたオリジナルな構成になっています。学習者のあなたが、表現活動を実際に展開する上で重要なことは何かといった視点で読み進めていただければ、より理解が深まると思います。身体、音楽、造形、言語の領域の中から、自分が得意とする章から読み始めていくのも1つの学習方法ではないでしょうか。したがって、PART3はいずれの章から学習を開始しても、理解しやすい内容で構成されています。

　最終の第15章では、表現領域の現代的な課題について取りあげ、それをどのように未来へつなげるのか、その方向性に向けた提案も行っています。

　領域「表現」だからこそできることは無限にあります。本書の学びを通して表現する喜びを感じながら、保育者のあるべき姿を実感してください。

目 次

PART 1 表現と保育をめぐる事柄について基礎的理解を深めよう

第1章 子どもにとっての表現とは

第2章 幼稚園・保育所・認定こども園における表現

PART 2 表現を体感し自分で表現してみて、保育現場で実践しよう

第3章 身体Ⅰ リズムを楽しむ子どもの身体表現

第9章 言葉Ⅰ 話す力を育てる言語表現

第10章 言葉Ⅱ 言葉を媒介とした表現遊び

PART 1

表現と保育をめぐる
事柄について
基礎的理解を深めよう

子どもにとっての表現とは

1 表現するとは

《1》 子どもの表現活動

　保育者が子どもたちに「雨が降ったら何をして遊びますか」と語りかけました。「お部屋でゲームをする」「テレビを見る」といった室内での活動をあげた子どもがほとんどでした。そんな中、K君は「レインコートを着て、長靴を履いて、傘をさして、水たまりの中を歩くんだ」と答えました。皆さんはこのK君の発言からどんなことを考えますか。K君が雨の中で遊んだ経験があることは容易に想像できます。長靴を履いたK君が水たまりの中を行ったり来たり何回も繰り返す様子を思い浮かべてください。そのときの心地よさを共感してみましょう。このように雨の中で傘をさして歩くといった何気ない日常的な行為を通して、K君の心に深く刻まれたイメージの蓄積と広がりが、子どもの表現活動のスタートとなります。

　また、「表現」は、自己の内なるものを何らかの働きを媒介として外へ表すことです。外への表し方は子どもの成長とともに変容が見られ、それは単に表現の技法や技術の発達によるものだけではなく、子どもの認知機能や人間関係とも大きく関わってくるものです。現代の子どもは自然や人と触れ合う機会が年々少なくなっており、何もせずに情報やものは手に入り、考えたり工夫したりする必要がない時代に生きています。本来、子どもは、何もなくても遊びを生みだし、それを変化させ、違う遊びへとつなげる術を身につけているものです。幼児期に見たものや体験したことがその後の表現活動や創作活動に影響を及ぼすことから、生活経験が著しく少ない現代に生きる子どもに対して、不足する生活経験をどのように補っていくのか、特にイメージの形成過程に保育がどのように関わっていくのか、表現教育を考えていく上で重要なポイントの1つといえます。

《2》 自己実現としての表現

　自分で感じて自分で考え、主体的に行動することによって、初めて子どもの自己的な表現活動がスタートできるようになります。子どもが新たな表現を発見する際に必要な動機づけと、それに必要な環境構成を行うことは、表現活動を支える保育者の役割として重要です。保育の場における幼児の自己表現は、「身体・音楽・造形・言語」表現をそれぞれ単独で、あるいは複合された形で表現活動することがきっかけとなります。子どもが何かを表したい、

伝えたいという思いをもちながら、他者に伝えるための工夫をすることに表現活動の意味があるといえます。

《3》 コミュニケーションとしての表現

　言語や文字を使って、大人はコミュニケーションを取ります。また、異なる言語を用いる外国の人とのコミュニケーションの場では、身振りや手振りといった動作もあわせて行いますが、子どもの場合はどうでしょうか。乳児の場合、泣くという行為以外では、顔の表情がコミュニケーションを取る唯一の手段です。その後、喃語を交え、自分の思いを他者に伝えようとします。言語の基本が確立し始める3歳頃になると、未熟ではありますが、言葉でのコミュニケーションができるようになってきます。しかし、文字の獲得はまだまだ先になります。この時期の子どものコミュニケーションの手段として、描画があげられます。遠足やクリスマス会などの園行事、人や動植物などの描画は、自分の経験や感動を他者に伝える手段として最も用いられることが多いといえます。そして、子どもは描いた絵を保育者に見せながら物語を語ります。ここで保育者は、（絵を見せながら語っている）その子どもの思いに寄り添うことを忘れてはいけません。このときの子どもと保育者の関係性こそが、「また描きたい、そして先生や友達に見せたい」といった子どもの表現意欲を引きだす大きなきっかけとなります。

2　イメージから表現へ

《1》 子どものイメージとは

　直接体験したことがイメージづくりの基盤となります。たとえば、ある具体的なもの（事象）が記憶となっているとき、あるきっかけによって記憶が再生されイメージが形成され、様々な表現行動になって表れてきます。そこで保育者は、様々な表現行動を各媒体（身体、音楽、造形、言語など）を介して子どもから引きだすことになります。

　表現は人間の根源的な欲求の1つであり、遊びでもあります。子どもの内面を表す（表出ともいう）状態にはいろいろなパターンが見られます。

ア）豊かな内面が豊かな表現となる場合

イ）内面は豊かであるが表現として十分に表されない場合

ウ）豊かでない内面が表現にそのまま出る場合

エ）表出さえされない、出てこない場合

《2》 子どもの表現は大人の表現とどう違うか

　子どもの表現は大人の表現とは大きく異なります。子どもの表現に見られる特徴を理解しておきましょう。

❶ 体を動かして表すこと、それ自体を楽しむ

　体の発育に伴って、脳の働きも急速に発達していきます。自分の意思で自由に手や足を動かし、体をコントロールできるようになると、走る、投げる、跳ぶといった単純な動作を何度も繰り返します。また、目が回るまで回転し続ける、息が切れるまでその場でジャンプするなどが、「体を動かすことそれ自体を楽しむ」子どもの姿といえます。

❷ 心のままを直接的に表す

　喜び、悲しみ、驚き、恐れ、怒りなどに代表される情緒、主観が揺り動かされた状態をそのまま表すといった行為は子ども独自の特徴といえます。喜びや満足感などの「快」感情については笑ったり、歓声をあげる、飛び跳ねるなどして表します。「不快」なことは泣く、わめくなどで感情を表すなど、子どもの自己表現は直接的であり、単純素朴な形で表されます。

❸ いつも誰かに見せるための表現ではない

　たとえば、何かの役になりきり、そのものになっている（没頭している）ことを楽しんでおり、誰かが見ているなどの意識は少ないといえます。

❹ 見てすぐに分かる表現だけではない

　子どもの表現する内容が、周囲（大人）に分かりにくい場合は多くあります。子どもの内的世界や子どもが抱いているイメージを大人が理解できていない場合も多く、保育者をはじめ大人の子どもへの理解が深まることにより、徐々に理解が可能となってきます。子どもが自分の気持ちを表したり、他者に伝えたりすること（行為）に対して満足感が得られるように、共感をもって、保育者や大人が子どもの表現を受け入れる姿勢が望まれます。

❺ 表しているうちに自分で表現の意図が分かってくる

　子どもは、（最初から）心の中にはっきりしたイメージをもって表現活動を行っているのではなく、（行ったり来たりする心の動きが伴って）自分の作りたいものが段々と具体化し、それに合うように形づくっていく傾向が見られます。子どもの表現は、最初から「意図」をもって「完成形」に向かって進んでいるのではなく、作っていくにつれて自分の表現したいことが分かってくるものが多く、そこに子どもの表現活動の面白さがあるといえます。

　一方、大人の表現は、「身体・音楽・造形・言語」といった「単独」の方法で表されるこ

とが大半ですが、子どもの表現はそれらを「重ねる・混ぜる」といった未分化な方法で表されることが多いといえます。なぜなら、子どもの外界の認知の仕方は未熟で、表現の仕方も大人のように形式化、様式化されていない素朴なものだからです。自分の感じたことや感動したこと、心を動かされたこと、経験したことなどを自分が「もっている」声や表情、身体動作、言葉、歌などを用いて表現しようとします。子どもが驚き、喜び、感動して発する表情や声を、しっかり見たり聴いたりと「子どもと共に感じる」姿勢が大切です。

3 表現へのプロセス

《1》 表出

　子どもは、泣いたり笑ったり、表情もくるくる変わり、表し方もストレートです。大人がある目的をもって意識的に行う表現行為とは異なる、「無自覚」に表れる表現行為を「表出」といいます。

❶乳児の情動や情緒の表出

　乳児は、他者に示した微笑が他者の微笑や話しかけといった応答を引きだすことを知り、コミュニケーションの1つの手段として活用します。「泣く」ことを例としてみると、最初は空腹や不快といった生理的な泣きですが、加齢とともに欲求などの社会的な泣きが主流を占めるようになります。

❷情動や情緒を伝える表出

　生後数か月から1歳未満の乳児では、「泣く」ことは空腹や眠気など、様々な場面で表出されます。大人はその意味を感じ取ることができます。それに対して、乳児は大人の表情に敏感に反応します。泣きの意味を大人が汲み取り、自分の欲求に合うような行動を獲得できる、このような相互の表出のやりとりによって、情緒の伝え合いが上手になってきます。このように、子どもの表出がその後の情動・情緒の深化やそれらの表現の仕方の発達、および他者の表出・表現の読み取りにもつながっていくということが表出の重要性といえます。

　表出は、一般的に発達の早い段階に表れるので、表現より低いレベルと考えられます。大人と比べると、低年齢ほど表出の頻度が多いといえます。保育者は、大人から見て単なる表出であっても広く表現（行動）と捉え、そこに内在する意味とその後の「表現」行動を育むといった意識が大切です。

《2》 模倣

模倣とは、相手の動作や表情を自分の動作や表情で同型的に反復する行動をいいます。発達的には、新生児段階で観察される無意図的な「原初模倣」から始まり、のちに模倣しようとする意図のある意図的模倣「直接模倣」へと進んでいきます。

❶原初模倣

新生児の原初模倣は、3か月頃には発声や体の動き、微笑などのポジティブな情緒を伴った社会的な初期模倣となって、その後、頻繁に現れるようになります。

❷直接模倣

生後9か月頃から「真似っこ」のような形で意図的に模倣が行われます。相手の仕草を視覚で捉え、それを目で見える自分の体に移し替えて真似ます。「バイバイ」と手を振ると同じように手を振るなどです。また、大人が「頂戴」と言って手を差しだし、「有難う」と言って頭を下げる動作を見て、意味は分からずとも同じことをします。このように、模倣するモデルを見てその場で直接に模倣するため直接模倣といいます。

《3》 創造・創造的表現

想像（imagination）とは、眼に見えないものを思い浮かべ、頭の中に思い描くことです。また、創造（creation）とは、新しいものを初めて創りだすという意味です。想像力が創造の源泉になるともいわれています。

何かを創造することができるのは、それ以前に直接的あるいは間接的にいずれかの経験があるからです。このことから、経験が豊かなほど創造する世界が広がることになります。

「絵本」を例に取ると、言葉と絵からなる絵本は絵のもたらすイメージが言葉のもたらすイメージと重なり、子どものイメージは豊かになり、深められていきます。その他、「ごっこ遊び」も子どもの創造的活動として、効果的な遊びといえます。

4 発達と子どもの表現

幼児期は、運動や情緒の発達、知的な発達や社会性の発達など、多様な側面が関連しながら総合的に発達していきます。個々の発達過程には個人差があります。保育者は子ども一人一人の個人差を理解するとともに、他の子どもたちとの関係性の中で発達が促されるよう援助していくことが必要です。

子どもたちは生活の中でどのように表現しているのか、そして保育者はどのように受け止め関わっていくのか、発達過程を踏まえながら表現する力を育むことが大事です。

発達とは、乳児期から老年期までの心身が変化していく過程のことです。身長や体重といった量的な発達と、知識や能力、認知といった質的な発達があります。子どもの場合、発達を一連の過程として捉えることが大切です。また、保育者は以下のように個別性、順序性、相互性、連続性など各子どもの発達差を考慮して、子どもと関わっていくことが必要です。

ア）個別性

発達の様相は様々です。おおよその目安や年齢区分はありますが、幅をもたせることが大事です。

イ）順序性

身体面では、頭部から脚部へ、中心から末梢部へと発達していきます。精神面では、未分化から分化・統合へといった一定の流れがあります。

ウ）相互性

身体形態、生理機能、運動面や情緒の発達など、相互に関連し合って総合的に発達が成し遂げられていきます。子どもは人やものといった環境と相互に関わり、生きていく上で必要な知識や技能を身につけていきます。

エ）連続性

保育にあたっては、先を見据えた視野に立って、発達を連続的に捉えていく必要があります。また、発達は常に一定の速度で進むのではなく、急速に著しく伸びたり、停滞したりする時期があります。子どものペースに合わせて、うまく援助していくようにしましょう。

次の表 1-1 は子どもの運動機能の発達と情動・言葉の発達、表 1-2 は子どもの表現・遊びを示したものです。年（月）齢と発達段階についてポイントを押さえましょう。

[参考文献]
谷村宏子（編著）『保育内容の指導法』ミネルヴァ書房 ,2018
島田由紀子・駒久美子（編著）『コンパス保育内容表現』建帛社 ,2019
中川香子・清原知二（編）『保育内容表現 第 2 版』みらい ,2018
山野てるひ・岡林典子・鷹木朗（編著）『「表現」エクササイズ＆なるほど基礎知識：感性をひらいて保育力をアップ』明治図書 ,2013

表 1-1 子どもの諸機能の発達

年（月）齢	運動機能の発達	情動・言葉の発達
6か月未満	・首がすわる、寝返りがうてる。 ・手足の動きが活発。 ・全身の動きが活発。	・「アー、ウー」など口や唇を使わない声で自分の欲求を表す。 ・思いを表情や体の動きで表す。 ・月齢によって喜び・驚き（的）な表しをする。
6か月〜1歳	・座る、はう、立つ、つかまり立ちなど。 ・手先の動きも発達する。	・自分の意思や欲求を身振りなどで伝えようとし、自分に向けられた気持ちや簡単な言葉を理解する。 ・あやされると声を出し笑うといった反応を示す。
1〜2歳頃	・歩く、走る、跳ぶなどの基本的な運動ができ始める。 ・手を使う、押す、つまむ、めくるなどの指先の機能が発達し、食事や衣類の着脱などが自分でできる。	・片言や喃語などを使うようになる。 ・身振りや指差しなどでほしがる態度を見せたりして、自分の欲求を伝えるようになる。
2〜3歳未満	・走る・跳ぶ・投げるなどの基礎的な運動機能が育つ。	・言葉に著しい変化が見られる。 ・行動範囲が広がり、探索活動が盛んになる。 ・自己主張するようになる。
3〜4歳頃	・体の動きが巧みになる。 ・運動量が増大する。 ・手先が器用になる（はさみ、ひも通しなど）。 ・歌いながら踊るなど、2つの行動を同時に行うことができる。	・自信が芽生え、何でも自分で行おうとする（手助けを拒むこともある）。 ・草木や虫など、身近な自然に興味を示す。
4〜5歳頃	・大人と同じような動作がほぼできる。 ・体全体を使うような遊びを好む（縄跳び、ボール遊びなど）。	・想像力が広がり、現体験と物語などの想像世界などを重ね合わせることができる。 ・少し先を見通しながら、目的をもった活動を行うことができる。
5〜6歳頃	・全身運動が滑らかにスムーズにできるようになる。 ・自分のイメージしたように製作物が作れる。 ・様々な運動に意欲的に挑戦しようとする。	・仲間の存在を意識する。 ・文字を書いたり、読んだりする。 ・自然や社会事象に対する認識が高まる。 ・自身の内面への思考が進み、自意識が高まる。

谷村宏子（編著）『保育内容の指導法』ミネルヴァ書房,2018,pp.5-10 をもとに著者作成

表1-2 子どもの年齢別における表現・遊び

	第1段階（0～1歳頃）	第2段階（1～2歳頃）	第3段階（3～4歳頃）	第4段階（4～6歳頃）
	原始的な表現～ 周りの世界を感じる	身体的機能の発達と 周囲への興味	運動機能の発達と 知的興味の高まり	自分のイメージを 表現につなげる
表現の特徴	・快、不快による生理的な現象（欲求・要求）を伝える。 ・自分の意思や欲求を身振りなどで伝えようとし、自分に向けられた気持ちや簡単な言葉を理解する。 ・スキンシップや歌を歌いかける（鼻歌を歌う等）などにより、心地よさを感じたり、他者の存在に気づく。	・感情の表現がストレートになる。 ・外界への興味や好奇心の範囲が広がり、探索活動が広がる。 ・自分の表現に意味があることに気づく。 ・大人との応答的やりとりが可能になる。	・TVや実演などを見て模倣するようになる。 ・役柄そのものになりきり、変身したり、なりきったりすることを楽しむ。 ・何度も繰り返す。 ・様々な事象に対して、なぜ、どうしてと感じ、それらとの関わりの中で、自他の区別も意識できる。	・イメージを膨らませて動くことができる（動物や車など、生活事象などの動き）。 ・思考力や認識力が高まり、創意工夫することができるようになる。 ・ダンスなどの順番を覚え、他者に見せるといった意識も芽生えてくる。 ・役割分担ができるようになり、全体の中の部分という認識が形成され始める。
遊びの一例	・触って素材の感触を楽しむ（布、新聞紙など）。 ・ガラガラなどを鳴らす。 ・積んであるものを崩して遊ぶ。 ・保育者との触れ合い遊びを楽しむ。	・大人の体にぶら下がることを楽しむ。 ・押し車を押して歩くことを楽しむ。 ・保育者の日常の動きを模倣する。 ・人形を子どもに見立て世話をする。 ・1人でなりきり遊びを楽しむ。 ・ブロックや積み木を積んだり並べたりする。 ・シール貼りを楽しむ。	・砂場で砂遊びを楽しむ。 ・紙のボールを作って転がしたり投げたりする。 ・鏡に映った自分と会話を楽しむ。 ・友達と一緒にごっこ遊びを楽しむ。 ・折り紙を折る。 ・糊を使って紙を貼って遊ぶ。	・箸を使ってつまむことを楽しむ。 ・縄跳びができる。 ・支えてもらいながらマットや跳び箱を楽しむ。 ・ルールのある遊びをアレンジして自分たちで遊ぶ。 ・小道具などを考え、劇遊びを楽しむ。 ・楽器や声を調和させ、協同することを楽しむ。 ・ハサミを使って曲線を切ったり、金づちを使ったりして製作を楽しむ。

幼稚園・保育所・認定こども園における表現

1 領域「表現」とは

「幼稚園教育要領」「保育所保育指針」「幼保連携型認定こども園教育・保育要領」では、感性と表現に関する領域を「表現」と位置づけています。教育要領では、第2章「ねらい及び内容」の中に「感性と表現に関する領域」としてまとめられています。また、保育指針では第2章「保育の内容」に、教育・保育要領では第2章「ねらい及び内容並びに配慮事項」の中に表現に関することが示されています。

幼稚園教育要領

第2章　ねらい及び内容
感性と表現に関する領域　表現
感じたことや考えたことを自分なりに表現することを通して、豊かな感性や表現する力を養い、創造性を豊かにする。

1　ねらい
（1）いろいろなものの美しさなどに対する豊かな感性をもつ。
（2）感じたことや考えたことを自分なりに表現して楽しむ。
（3）生活の中でイメージを豊かにし、様々な表現を楽しむ。

文部科学省「幼稚園教育要領」2018 より著者一部抜粋・改変

保育所保育指針

第2章　保育の内容
1　乳児保育に関わるねらい及び内容
（2）ねらい及び内容
ウ　精神的発達に関する視点　身近なものと関わり感性が育つ
身近な環境に興味や好奇心をもって関わり、感じたことや考えたことを表現する力の基盤を培う。

（ア）ねらい

①身の回りのものに親しみ、様々なものに興味や関心をもつ。

②見る、触れる、探索するなど、身近な環境に自分から関わろうとする。

③身体の諸感覚による認識が豊かになり、表情や手足、体の動き等で表現する。

2　1歳以上3歳未満児の保育に関わるねらい及び内容

オ　感性と表現に関する領域　表現

感じたことや考えたことを自分なりに表現することを通して、豊かな感性や表現する力を養い、創造性を豊かにする。

（ア）ねらい

①身体の諸感覚や経験を豊かにし、様々な感覚を味わう。

②感じたことや考えたことなどを自分なりに表現しようとする。

③生活や遊びの様々な体験を通して、イメージや感性が豊かになる。

3　3歳以上の保育に関するねらい及び内容

オ　感性と表現に関する領域　表現

感じたことや考えたことを自分なりに表現することを通して、豊かな感性や表現する力を養い、創造性を豊かにする。

（ア）　ねらい

①いろいろなものの美しさなどに対する豊かな感性をもつ。

②感じたことや考えたことを自分なりに表現して楽しむ。

③生活の中でイメージを豊かにし、様々な表現を楽しむ。

厚生労働省「保育所保育指針」2018 より著者一部抜粋・改変

幼保連携型認定こども園教育・保育要領

第2章　ねらい及び内容並びに配慮事項

第1　乳児期の園児の保育に関するねらい及び内容

精神的発達に関する視点　身近なものと関わり感性が育つ

身近な環境に興味や好奇心をもって関わり、感じたことや考えたことを表現する力の基盤を培う。

1　ねらい

（1）身の回りのものに親しみ、様々なものに興味や関心をもつ。

（2）見る、触れる、探索するなど、身近な環境に自分から関わろうとする。

（3）身体の諸感覚による認識が豊かになり、表情や手足、体の動き等で表現する。

第2　満1歳以上満3歳未満の園児の保育に関するねらい及び内容

感性と表現に関する領域　表現

感じたことや考えたことを自分なりに表現することを通して、豊かな感性や表現する力を養い、創造性を豊かにする。

1　ねらい

（1）身体の諸感覚や経験を豊かにし、様々な感覚を味わう。

（2）感じたことや考えたことなどを自分なりに表現しようとする。

（3）生活や遊びの様々な体験を通して、イメージや感性が豊かになる。

第3　満3歳以上の園児の教育及び保育に関するねらい及び内容

感性と表現に関する領域　表現

感じたことや考えたことを自分なりに表現することを通して、豊かな感性や表現する力を養い、創造性を豊かにする。

1　ねらい

（1）いろいろなものの美しさなどに対する豊かな感性をもつ。

（2）感じたことや考えたことを自分なりに表現して楽しむ。

（3）生活の中でイメージを豊かにし、様々な表現を楽しむ。

内閣府・文部科学省・厚生労働省「幼保連携型認定こども園教育・保育要領」2018 より著者一部抜粋・改変

2　ねらいについて理解を深める

　要領や指針などにおける「ねらい」は、子どもの生活する姿から教育や保育、養護における豊かな体験を通じて幼児期の終わりまでに育ってほしい資質・能力を捉えたものです。保育の場では、ねらい及び内容に基づいて、遊びや活動に必要な教材の準備や環境の設定を行っていきます。また、表現の領域は、音楽的・造形的・身体的・言語的な内容だけではなく、人と関わることなど、他の領域とも関連しながら成立するものといえます。

　教育要領、保育指針、教育・保育要領の表現に示された乳児、1歳以上3歳未満児、そして3歳以上の子どもに共通するねらいについて考えてみましょう。

《1》 乳児におけるねらい

　乳児にとって、見るもの、聴くもの、触れるものの全ては初めてのものです。つかんだり、叩いたり、投げたりと、自分の体と五感をフルに動かしながら、いろいろなものと接触を試みます。そのような子どもの興味や関心を理解し、安全な環境の中でものとの関わりが楽しめるよう保育者は配慮を忘れてはいけません。保育者の温かな眼差しと見守りの中で、子どもは安心して多様な表現が行えるようになってきます。

《2》 1歳以上3歳未満児におけるねらい

　歩行に始まる基本的な運動機能の発達は著しいものがあります。基本的な生活習慣の獲得、生活範囲の広がり、言語機能の発達などに伴って、表現の幅も広がってきます。また、他者とのやりとりも可能になり、子どもはイメージを形にしたり、表したりすることができるようになってきます。保育者は子どもが思い描いたイメージをどのように具現化させていくのか、魅力的な教材・教具を準備する必要があります。

《3》 3歳以上児におけるねらい

❶自分なりに表現する

　子どもの表現活動において、大切なことは子どもが自分の発想や思いをもとに、自分らしく表現できるか否かです。一例として、身体表現の場面を考えてみましょう。決まった振りを順番通りに間違えずに踊ることが全てではありません。その子どもなりに楽しく、伸び伸びと、力いっぱい演じることができたかどうか、その活動を終えたときのやり切ったと思えるような達成感や充実感といったものを感じさせることが何より大切になってきます。

　また、日常の保育の場において、子どもの自発性を発揮させるためには、健康面や情緒の安定、さらには保育者との信頼関係の影響も少なくありません。幼児期は、最も自発性が発揮され、意欲にあふれた時期です。このような時期に自分らしい表現をする力を養うことは、生きる力の育成へとつながっていきます。

❷豊かな感性を育てる

▶感性とは

　感性は「外界の刺激に応じて感覚・知覚を生じる感覚器官の感受性。感覚によって呼び起こされ、それに支配される体験内容。したがって、感覚に伴う感情や衝動、欲望をも含む」と定義されています（広辞苑）。

　一般的に、感覚→知覚→認知→感情→感性のプロセスにおいて、経験や文化を含んだ繰り

返し（学習）がなされることによって、感性は豊かになっていきます。表現の教育では、感覚から感性にいたるプロセスについて保育者が理解し、子どもの豊かな感性を育むことが大事です。

　子どもたちは日常生活の中で諸感覚（五感）を働かせ、身近な環境にある音や色、においなどに気づきます。そして、その美しさや不思議さに気づき、心を動かし、遊びの面白さに触れ、充実感を得ることになります。そこには、できなかったことができるようになる喜びや遊びの深まりに伴う楽しさなどの感情体験が存在します。このように、感性が育つ背景には、喜怒哀楽を感じる豊かな感情体験が必要になってきます。そのことが子どもの心を揺さぶり、感性の育ちを育むのです。

　もの（目に見える・見えない全てのもの）の見方や感じ方を変えていくといった一連の感性の育ちとは、自分の感覚を鋭くさせ、深い観察力や思考力を導き、それによってより高い表現力が身につくことです。「感性が表現を変え、また表現が感覚や感性に影響を与える」ことを意識することが、感性の育成にはなくてはならないものです。

▶ 保育の中で感性を育てる

　子どものもつ感性とはどのようなものか、実際に、子どもが感じたことや考えたことを言語化すると、

- 真っ赤なでっかいお日様が沈むとき、空は青ではなく、オレンジ色だった。
- 牧場の干し草で作ったお布団は、カサカサで、お日様の匂いがして、暖かいよ。
- 小麦粉粘土は、お餅のように柔らかく、いろいろな形に変身する、ずっと触っていたい。

　皆さんは、子どもの発した言葉を聞いて、「なるほど……」と思ったのではないでしょうか。大人の脳は、様々な刺激や情報をインプットし、それまでの経験によって、好き嫌いや物事に対しての価値判断を下します。それに対して、子どもは触ったり、聞いたり、においを嗅いだり、見たりして今の状況を認識します。大人とは違って、幼児期という五感を養う上で最も適する時期に、保育の中で経験させていくことが重要といえます。次に、保育の中で感性を育てるポイントをあげます。

ア）五感を大事にする

　砂場遊び、水遊び、泥んこ遊びという皮膚感覚や感触を味わう体験は、保育の場特有のものです。子どもたちが心ゆくまでものと関われる時間を確保できるよう配慮しましょう。

イ）自然と関わる

　幼稚園や保育所の中にも、自然を意識した環境が用意されています。園庭の樹木や花壇、あるいは果物や野菜を栽培できる畑などです。園外に目を向けると、地域によって山や川、

海といった自然があります。日常の保育の中で園内・園外の自然を大いに取り込み、風や空気、においといったものまでも表現活動の素材と考え活用するよう心がけてください。

ウ) 個と集団の活動

同じ風景を見ても感じ方は人それぞれです。好きなことや興味があることも一人一人異なります。感性の違いは個性の違いともいえます。年長児は、競争やゲームといった遊びを好みますが、遊びにもルールが存在します。勝ち負けや意見のぶつかり合いがあるなど、子どもなりに他者の存在が気になるものです。共に活動をする機会を通して、他の子どもの作品に触れ、そこからの刺激を受けるなどを通じて、子どもなりに新しい視点に気づくことも多くあります。

3 幼児期の教育から小学校教育へ

教育要領、保育指針、教育・保育要領では、幼児期に育てたい3つの資質・能力と実践における具体的な姿として、10の姿が「幼児期の終わりまでに育ってほしい姿」として示されています。これは、幼児期の教育の最終の姿であり、小学校就学までに育ってほしい「資質・能力」といえます。この10項目は、「生きる力」の基礎としての「知識及び技能の基礎」「思考力、判断力、表現力等の基礎」「学びに向かう力、人間性等」の具体的な姿であり、各領域のねらい及び内容に基づく活動全般における指導時の配慮すべきものとされています。

《1》 幼児期の終わりまでに育ってほしい姿

10項目は、①健康な心と体、②自立心、③協同性、④道徳性・規範意識の芽生え、⑤社会生活との関わり、⑥思考力の芽生え、⑦自然との関わり・生命尊重、⑧数量や図形、標識や文字などへの関心・感覚、⑨言葉による伝え合い、⑩豊かな感性と表現、です。この中で、特に領域「表現」と関わる5項目について考えてみましょう。

②自立心

「しなければならないことを自覚し、自分の力で行うために考えたり、工夫したりしながら、諦めずにやり遂げることで達成感を味わい、自信をもって行動するようになる」というところは、様々な表現活動を行う上で最も大切にしたいことといえます。

③協同性

3歳未満の活動は、一般的に個別の活動が多いといえますが、3歳以上（特に5、6歳）の活動は協同作業を通して作品を製作したり、活動を行ったりする機会が増大します。共に考え、工夫し、力を合わせたりする協同性は目標の実現に向かって必要なものです。

⑥思考力の芽生え

音楽・造形・身体・言語といった全ての表現活動は、ものや人との関わりで成り立つ活動です。ハサミの使い方や各種遊具の用い方などを体験的に学び、その中で考えたり、予測したり、工夫したりを繰り返しながら、活動の幅が広がっていきます。また、仲間の作品を鑑賞することや表しを認め合うことによって、他者を尊重し、一人一人の違いにも気づくきっかけになります。

⑧数量や図形、標語や文字などへの関心・感覚

絵を描く、絵本を見る、お話を聞くなどの活動には多くの発見があります。いろいろな形を見て、組み合わせを考えたり、大から小へ並び替えたりと大人の想像を超えた発見をするものです。また、「たくさん」や「少し」といった数量についても、表現活動の中で学んでいくことになります。

⑩豊かな感性と表現

子どもは、表現活動を通して多くの感動体験を得ます。感じることや考えることの大切さを実体験として心に刻むことになります。その達成感こそが、将来に向けた表現活動への意欲につながっていきます。

《2》 主体的・対話的で深い学び

小学校以降では、思考力や表現力などを伸ばす学びとして、アクティブ・ラーニングの充実が図られています。保育の場においても、その流れに沿って、アクティブ・ラーニング、すなわち「主体的・対話的で深い学び」の土台を形成することが求められています。園で行う遊びや様々な活動が「主体的」「対話的」「深い学び」であるかと常に考え、アクティブ・ラーニングの3つの視点から保育を改善していくことが求められています。特に子どもの表現活動は、アクティブ・ラーニングを最大限に活かすことができる活動といえます。

《3》 小学校との接続・連携

小学校以降の学校教育へ円滑につながっていくために、学校種（幼稚園・小学校）間の発達や学びの接続性・連続性を考慮して幼稚園のあり方を規定していこうとしたことは、今回の幼稚園教育要領の改訂の大きな特色といえます。

今までの幼児教育では、遊びや生活の中で子どもたちは種々の力を培ってきましたが、さらに学校種（幼稚園・小学校）間の連続性に非常に着目しています。幼稚園においては、第1に豊かな体験を通じて感じる・気づく・分かるようになる「知識及び技能の基礎」、第2に知識及び技能の基礎を土台として、考え、試し、工夫し、表現するようになる「思考力、判断力、表現力等の基礎」、第3に心情、意欲、態度が育つ中でよりよい生活を営もうとす

る「学びに向かう力、人間性等」という3つの柱が明確に示されています。

　本章では、幼小接続期プログラムの実践例としてM幼稚園の活動を紹介します。

事例 2-1　お菓子の家づくり－お兄さん、お姉さんといっしょに－

　東京都内のM幼稚園では、隣接するY小学校の図工展で展示する「大きなお菓子の家」づくりを小学校の2年生と共同で製作します。夏休み明けの9月から10月にかけて、毎週月曜日の図画工作の時間に年長児が小学校を訪問し、小学生と園児が2人1組で活動を行います。主にお菓子の家は小学生が製作し、園児は紙粘土や色紙などを使って家の周りに飾るお菓子をつくるといった分担です。本物のお菓子により近づくように、小学生と園児がアイデアを出し合います。共同的な作業を進めることによって、相互の理解も深まり、よい交流の機会となりました。

　幼稚園と小学校の「接続」とは、幼児教育と小学校教育とを円滑につなぐという意味で用いられ、「連携」という場合は幼稚園と小学校の双方のカリキュラムをつなぐことが最終的な目標とする[1]考え方があります。他方、「交流」や「連携」が保育・教育制度間での人との関わりを指しているのに対して、「接続」は教育内容および教育制度の設計や変更といったシステムのあり方を指す[2]という見方もあります。いずれにせよ、各学校種（幼稚園・小学校）の独自性を保持しつつ、子どもたちの発達や教育の連続性を担保することが重要といえます。

　このようにものづくりを通した交流は、誰もが参加できます。小学校における各教科の中でも、図画工作科や生活科は、幼児を対象とした遊びや表現の内容とも関連させやすい教科といえるでしょう。小学校の学習指導要領「図画工作」の内容について解説を次ページに示します。小学校の低学年における学びの内容を知っておくことは、保育の「表現」における発達の連続性を踏まえた指導に欠かせないものです。

第2章　各教科

第7節　図画工作（第1目標は、「資質・能力の3つの柱」で構成）

第1　教科の目標

　表現及び鑑賞の活動を通して、造形的な見方・考え方を働かせ、生活や社会の中の形や色などと豊かに関わる資質・能力を次のとおり育成することを目指す。

（1）対象や事象を捉える造形的な視点について自分の感覚や行為を通して理解するとともに、材料や用具を使い、表し方などを工夫して、創造的につくったり表したりすることができるようにする。（知識・技能）

（2）造形的なよさや美しさ、表したいこと、表し方などについて考え、創造的に発想や構想をしたり、作品などに対する自分の見方や感じ方を深めたりすることができるようにする。（思考力・判断力・表現力等）

（3）つくりだす喜びを味わうとともに、感性を育み、楽しく豊かな生活を創造しようとする態度を養い、豊かな情操を培う。（学びに向かう力・人間性等）

第2　各学年の目標及び内容

［第1学年及び第2学年］

1　目標（学年の目標は、教科の目標の（1）～（3）に対応）

（1）対象や事象を捉える造形的な視点について自分の感覚や行為を通して気付くとともに、手や体全体の感覚などを働かせ材料や用具を使い、表し方などを工夫して、創造的につくったり表したりすることができるようにする。（知識及び技能に関する目標で、知識は［共通事項］ア、技能はA表現（2）に対応）

（2）造形的な面白さや楽しさ、表したいこと、表し方などについて考え、楽しく発想や構想をしたり、身の回りの作品などから自分の見方や感じ方を広げたりすることができるようにする。（思考力・判断力・表現力等に関する目標で、A表現（1）、B鑑賞（1）、［共通事項］イに対応）

（3）楽しく表現したり鑑賞したりする活動に取り組み、つくりだす喜びを味わうとともに、形や色などに関わり楽しい生活を創造しようとする態度を養う。（学びに向かう力・人間性に関する目標で、（1）と（2）の目標のそれぞれに関連）

2　内容

A　表現

（1）表現の活動を通して、発想や構想に関する次の事項を見に付けることができるよう指導する。（発想や構想に関する項目）

　　ア　造形遊びをする活動を通して、身近な自然物や人工の材料の形や色などを基に造形的な活動を思い付くことや、感覚や気持ちを生かしながら、どのように活動するかについて考えること。

　　イ　絵や立体、工作に表す活動を通して、感じたこと、創造したことから、表したいことを見付けることや、好きな形や色を選んだり、いろいろな形や色を考えたりしながら、どのように表すかについて考えること。

(2) 表現の活動を通して、技能に関する次の事項を身に付けることができるように指導する。（技能に関する項目）

　　ア　造形遊びをする活動を通して、身近で扱いやすい材料や用具に十分慣れるとともに、並べたり、つないだり、積んだりするなど手や体全体の感覚などを働かせ、活動を工夫してつくること。

　　イ　絵や立体、工作に表す活動を通して、身近で扱いやすい材料や用具に十分に慣れるとともに、手や体全体の感覚などを働かせ、表したことを基に表し方を工夫して表すこと。

B　鑑賞

(1) 鑑賞の活動を通して、次の事項を身に付けることができるよう指導する。

　　ア　身の回りの作品などを鑑賞する活動を通して、自分たちの作品や身近な材料などの造形的な面白さや楽しさ、表したいこと、表し方などについて、感じ取ったり考えたりし、自分の見方や感じ方を広げること。（鑑賞する活動における思考力・判断力・表現力等に関する事項を示している）

　　［共通事項］

(1)「A 表現」及び「B 鑑賞」の指導を通して、次の事項を身に付けることができるように指導する。

　　ア　自分の感覚や行為を通して、形や色などに気付くこと。

　　イ　形や色などを基に、自分のイメージをもつこと。（イメージに関する思考力・判断力・表現力等を示している）

文部科学省「小学校学習指導要領解説」2018 より著者一部抜粋・改変

《4》 総合的な保育指導の中における「表現」の指導

　2018（平成30）年施行の幼稚園教育要領や保育所保育指針では、生きる力を育むために、幼児教育を行う園で共有すべき事項として次のように示しています。

（1）知識及び技能の基礎

　豊かな体験を通じて、感じたり、気付いたり、分かったり、できるようになったりする。

（2）思考力・判断力・表現力等の基礎

　気付いたことや、できるようになったことなどを使い、考えたり、試したり、工夫したり、表現したりする。

（3）学びに向かう力、人間性等

　心情、意欲、態度が育つ中で、よりよい生活を営もうとする。

文部科学省「幼稚園教育要領」2018、厚生労働省「保育所保育指針」2018 より著者一部抜粋・改変

　保育者は、子どもの主体的な活動が確保できるよう、子どもの行動についての理解と予想によって、環境を構成し、遊びを通した指導を行っていきます。5領域（健康、人間関係、環境、言葉、表現）のねらいが総合的に関連し合いながら達成されるように、活動内容を精選する必要があります。領域「表現」では、自然や生活、芸術等の出会いから豊かな感性を育み、表現しようとする意欲を育てる保育者の視点が重要です。

《5》 保育指導における留意点

　領域「表現」の指導を考える際の留意点について確認しましょう。

❶ 領域「表現」のねらいを確認する

①幼稚園教育要領、保育所保育指針、幼保連携型認定こども園教育・保育要領における領域「表現」のねらい、内容、内容の取扱いを確認して、遊びや活動内容を考えます。
②遊び本来の楽しさを味わうために、「時間・空間・仲間」といった3つの「間」を考えることも大事です。

❷ 子ども一人一人を見て指導・援助する

①一人一人の子どもの心の動きを、生活や遊びから捉えることが大事です。子どもの行動や発する言葉を丁寧に読み取り、今、必要な指導や援助を考えます。
②活動する際には、導入段階から、子どもの発達段階を踏まえましょう。
③子どもの動きや言語など肯定的に受け止めましょう。

❸ 子どもの意欲を引きだす

①子どもを褒めたり、励ましたりする言葉は、子どもの意欲を引きだします。タイミングよく、子どもが理解できるような言葉がけを心がけましょう。

②各活動において、子どもたちから出された意見は積極的に取り入れましょう。そのことが意欲や関心をもつことにつながります。

❹ 友達や保育者とのつながりを考える

①子ども同士が認め合い、尊重し合うことが、社会性を育むことにつながります。集団での遊びを取り入れる機会を多くもちましょう。

②子どもが活動の主役です。保育者はまとめ役です。

4 領域「表現」の変遷

領域「表現」にいたった歴史的経緯について、概観的に見ていきましょう。

《1》「リズム」と「音楽」

　明治時代に、「お遊戯」が歌唱遊戯として発足しました。お遊戯は昭和40年代まで長期にわたって継続してきましたが、1945（昭和20）年に「音楽リズム」として幼稚園教育要領の中で領域として誕生しました。幼児にとっては「生活の大半が遊び」であり、遊びから題材を見出し、「鬼ごっこ、まりつき、縄跳び」などと遊びとリズムの関連に着目し、幼児が歌いながら遊び、遊びながら歌う姿を「音楽リズム」と位置づけたのです。1948（昭和23）年制定の幼稚園教育要領試案「保育要領」の中における幼児の経験12項目には、「リズム」と「音楽」が示されています。幼児一人一人に共同の音楽的な感情やリズム感を満足させ、子どもの考えていることを身体の運動と結びつけて表し、生き生きと生活を楽しませることを「リズム」の目的としていました。また、「リズム」は「歌唱遊び」と「リズム遊び」の2つに分類され、「歌唱遊び」は子どもの自由な表現を重んじた歌唱を伴う動きの表現であり、「リズム遊び」は直接経験したことや自然現象などを身体を使って表すこととしました。

　一方、「音楽」の内容は「旋律の美しい明るい単純な歌を歌う」「最初に曲を十分聞かせて上で、幼児に自由な楽器を選択させて演奏させる」「良い音楽を聞く」といった小学校音楽科に準じたものとなっていました。

《2》「領域」の誕生

　「領域」という言葉は、1956（昭和31）年改訂の幼稚園教育要領において初めて使用されました。ここでは、幼稚園教育と小学校教育に一貫性をもたせるというねらいから、保育内容として6つの領域（健康、社会、自然、言語、音楽リズム、絵画製作）が示されました。

　1989（平成元）年の改訂では、「音楽リズム」と「絵画製作」の文言が消えました。この改訂では、子どもの発達といった側面を捉え、「遊びを通した総合的な指導」に重点が置かれました。一人一人の子どもの発達を5つの角度から見ていくという5領域になりました。

《3》 2007年改訂の幼稚園教育要領

　2007（平成19）年の教育基本法と学校教育法の改正を受けて、2008（平成20）年に幼稚園教育要領の改訂が行われ、教育基本法第11条に新たに「幼児期の教育」があげられました。ここでは、幼稚園の位置づけや幼児期の教育の重要性が改めて強調されたものとなりました。それ以降、表現する意欲やその過程を重視し、幼児の気持ちを受容する保育者の姿勢が要領の中では強調されてきました。しかし、具体的内容や方法は明確に示されておらず、理念と大枠が示されているだけです。このことは、「表現」領域の具体的な活動内容は各園の解釈によって自由であり、地域性や園独自の工夫など、緩やかな縛りのないものといった考え方であり、今日まで継続されているといえます。

《4》 子どもの表現を育むために 〜2018（平成30）年施行から〜

　領域「表現」はそもそも手順があるのではなく、創造的な要素を含むことで予測を超えることを内包しています。つまり、創りあげていくプロセスの中で、ハプニングが起きたり、思わぬ結果になったりと、先がまったく予想できません。

　「豊かな表現力」とは、できあがりは不十分であっても、そこに幼児の思いが十分に表されていることです。保育者はそれを読み取ることが必要であり、感じ取ろうとする努力が必要といえます。「表現」では、できあがった作品などのような結果が目に留まりやすい傾向がありますが、結果以前のプロセスを重要視することが大事です。結果にいたる過程において"その"子どもの「何が育つか」を念頭に置き、"その"子どもが行う活動自体に心を寄せることを大切にしたいものです。

[引用・参考文献]
1）横井紘子「幼小連携における『接続期』の創造と展開」『お茶の水女子大学子ども発達教育研究センター紀要』4号，2007，pp.45-52
2）秋田喜代美「幼稚園、保育所と小学校との円滑な接続の意義」文部科学省初等教育課程課・幼児教育課『初等教育資料』856号，2010，pp.6-11
文部科学省「幼稚園教育要領」2018
厚生労働省「保育所指針」2018
内閣府・文部科学省・厚生労働省「幼保連携型認定こども園教育・保育要領」2018
開隆堂出版『小学校図画工作　学習指導要領・新旧対照表』教授用資料,2017

MEMO

....

....

....

....

....

....

....

....

....

....

....

....

....

MEMO

PART

2

表現を体感し
自分で表現してみて、
保育現場で実践しよう

リズムを楽しむ 子どもの身体表現

1 子どもにとっての身体表現とは

《1》 言葉にできないことを語る

　人間には言語より先に身振りがあり、言語ができてからも感情表現や意思疎通を身振り手振りで補い、コミュニケーションを計ってきました。もともと身体による表現が人間にとって大事なコミュニケーション手段だったとすると、言語能力が十分とはいえない子どもが、その言葉のつたなさゆえ身体で想いを表現していることに納得がいきます。言葉にできないことを身体が語っているといえるでしょう。

《2》 子どもの発達

　子どもは遊びを通して走ったり転んだり、大きく伸びたり小さく縮んだり、多様な動きを経験することで運動技能の発達が促されます。また、真似をしたり変身したりすることが大好きなので、興味あるものやあこがれる人物などになりきって遊ぶことで感性を育む心の発達にもつながります。さらに他者との関係は、保育者との安定した関係のもとに、友達と一緒に動くことの楽しさを感じることで培われていきます。身体表現を子どもの発達の視点から捉え、心身の成長を見守っていくことが大切です。

《3》 保育者の受容

　破れ傘を持ちながらクルッと回って"バレリーナ"になったり、常に一定の距離を保って追いかけてくる"お月様と鬼ごっこ"するなど、大人には思いもつかない発想を巡らせ多様な身体表現をしている子どもの様子を目にすることがあります。一方で、保育者が子どもの身体から発せられる何らかのサインを見逃していることがあるかもしれません。身体表現という子どもにとっての大事な"言葉"に、保育者は常に注意深くアンテナを張り巡らせておく必要があります。身体が動いているときだけが身体表現ではありません。日頃元気いっぱい遊んでいる子どもがじっとして動きが少なくなったときには、心身の変調のきざしを読み取る必要があります。

　子どもの身体表現は、子どもが自分の世界に没頭して身体を動かすことを楽しんだり、精

一杯の表現であれば、どの子どもの表現も素晴らしいと評価できるもので、他の子どもと比べて優劣を問うべきものではありません。

2 子どもを取り巻く現状

《1》 子どもの"からだ"は変わったのか

「昔に比べて子どもの身体は変わった」といわれますが、本当にそうでしょうか。野井[1]は、保育・教育現場の教師や保護者から得た実態調査の結果を紹介しています。下表はワースト3を抜粋したものです。保育所では「皮膚がカサカサ」「すぐ疲れたという」「じっとしていない」などがあげられ、幼稚園でも「アレルギー」「すぐ疲れたという」「背中ぐにゃぐにゃ」があがっています。小学校に入ってもほぼ同じで、元気いっぱい疲れ知らずに遊ぶ子どもの印象とはかけ離れているようです。また、「すぐ疲れたという」「じっとしていない」「背中ぐにゃぐにゃ」という体力や姿勢など、身体の根幹に関わる項目が多いのは問題といえます。

表 3-1 子どものからだの変化

保育所（n = 90）	幼稚園（n = 105）	小学校（n = 329）	中学校（n = 210）	高校（n = 55）
1. 皮膚がカサカサ	1. アレルギー	1. アレルギー	1. アレルギー	1. 首・肩のこり
2. すぐ疲れたという	2. すぐ疲れたという	2. じっとしていない	2. 平熱 36 度未満	2. うつ的傾向
3. じっとしていない	3. 背中ぐにゃぐにゃ	3. 背中ぐにゃぐにゃ	3. すぐ疲れたという	3. アレルギー

野井真吾「いま、子どもの"からだ"はどうなっているか」『教育 No.829』かもがわ出版 ,2015,p.21 をもとに著者作成

それでは、子どもの"からだ"はなぜ変わったのでしょうか。一般的にいわれていることは、子どもの成長に欠かせない遊びに関する3つの間（時間・空間・仲間）の減少です。塾通いなどのために遊ぶ時間が削られていること、自然の広い空間での外遊びが難しいこと、少子化によってきょうだいや友達との遊ぶ機会が少ないこと、ゲームの影響などがあげられています。

《2》 大人の"からだ"も変わったのか

若者や大人の"からだ"が変わったと感じることも多く、「すぐに疲れたという」「背中ぐにゃぐにゃ」など思い当たる節もあります。一方で、昔の日本人からは考えられないような堂々とした自己アピールをする若いアスリートの活躍も、多くの競技スポーツで見られるようになりました。プレッシャーを感じる様子もなく、伸び伸びプレーする姿は頼もしい印象を受けます。そんな選手の多くは、「楽しんでプレーした結果、好成績を残せた」とインタビューに答えています。これらのことから、若者や大人の"からだ"と"心"は「軟弱に変わった」「たくましくなった」の両極化しているのかもしれません。

STEP 1 ★☆☆ 基礎理論 リズムと遊ぶ

① 身体とリズム

身体に内在するリズム

1 リズムとは

　リズム（rhythm）の語源は、ギリシャ語の「rheein（流れる）」からきているといわれ、リズムは流れるもの、不断に持続的なものとクラーゲスは定義づけています[2]。心臓の鼓動や手首の脈拍からも感じられるように、私たちは身体の中に"リズム"をもっています。一定のリズムを保ちながら、血液が循環し滞ることなく生命が維持されているのです。身体に内在しているリズムを私たちは普段から意識しているわけではありませんが、子どもは生まれてからも胎内で聞いていた母親の心臓の音に安らぎを感じ、それに近い繰り返しのリズムに親しみをもって、リズムに合わせて身体を動かすことを発達とともに楽しんでいきます。「自分にはリズム感がない」と嘆いている皆さんの体内にもリズムが内在しているのです。

> **用語解説**
>
> **リズム**
> ギリシャ語のrheein（流れる）に由来する。流れるもの、不断に持続的なもの。波の満ち引きや人間の脈拍、呼吸などもリズム現象といえる。

2 動きとリズム

　音楽やダンスのリズムは"拍動的リズム"ともいわれ、メトロノーム速度や手拍子などが示す規則的なリズムが特徴的です。普段何気なく使っている「リズムにのって踊ろう」や「リズム感がいい」などの"リズム"は、一定の速度や強弱が繰り返される音の刺激であり、本人や観ている周囲の人々の気持ちを高揚させ快感をもたらします。二足歩行である我々人間は交互に左右の足を出しながら「いっちに、いっちに」や「ワンツー、ワンツー」と拍子を取り、自然に身体が動きだしたりする性質をもつようです。

② リズムとコミュニケーション

リズムの共有

1 リズムは伝染する

　動きはよく伝染します。誰かが泣きだすと周りの皆も泣きだしたり、誰かが唐突に廻り始めると他の人間もクルクル廻ったりと次々に動きが連鎖していくのです。このような"動きの伝染"は特に子どもに顕著に現れるようです。子どもたちには同じリズムで身体が動いてしまう自然発生的な共振が見られることから、リズムで楽しむ素養があらかじめ備わってい

るといえます。"リズムにのって楽しく動く"ことを保育者が教え込まなくても、子どもは
リズムが大好きということを知っておきましょう。

2 リズムを共有する

　仲間とリズムを共有するといっても、タイミングを合わせ同じ動きを全員がそろえること
ではなく、一人一人が自分のリズムを楽しみながら互いに関わり合う中で自然に調和してい
く雰囲気が望ましいと考えられます。したがって、保育者の刻む一定のリズムで「同時に動
きましょう」というだけではリズムの共有とはいえません。楽しく弾んだリズムでもそれぞ
れの楽しみ方があります。上体を揺らしてリズムを楽しんだり、ぴょんぴょんその場で何回
も跳んだり手を叩いてリズムにのったり、様々な動きを想定することができます。他の子ど
もが動いて楽しんでいる姿をニコニコしながら見ている子どもも"自分なりに"リズムを楽
しんでいるのです。

イメージからコミュニケーションへ

1 つながる楽しさ

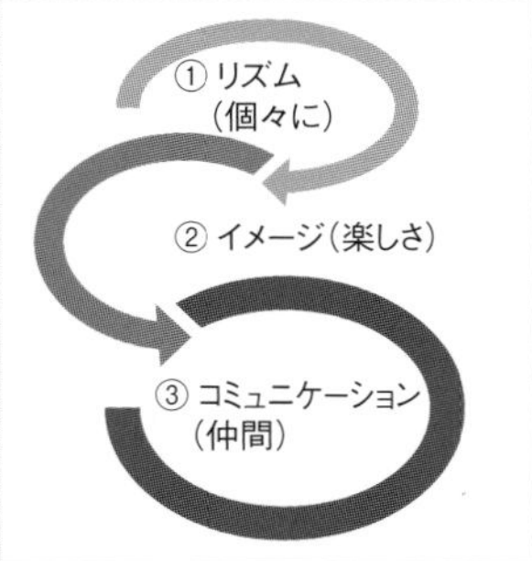

　動きのリズムは、楽しさや喜びというイメージを共有しな
がら自然に動きが呼応するコミュニケーションへと発展し、
リズミカルな循環が生まれてきます（図3-1）。弾む曲や保
育者のリズミカルな動きを真似しながら一人一人がリズムを
楽しく刻んでいるうちに、ウキウキした気分や笑顔が共通の
イメージとして全体に伝わり、仲間と一緒にリズムを共有し
たい気持ちになるのです。

図3-1　リズムを楽しむ循環

① リズム（個々に）
② イメージ（楽しさ）
③ コミュニケーション（仲間）

2 楽しさの循環

　リズムを楽しむ循環は図3-1の①→③と順番に進むとは限りません。仲間が集い和やか
な雰囲気や明るいイメージから楽しくなって誰かがリズムにのって踊り始めることもあるで
しょう。保育者はリズムとコミュニケーションをつなぐ「楽しい存在」になりましょう。

COLUMN　3歳未満児の身体表現

▶ 真似っこダンサー

　動画サイトで見つけた2歳の男児は、マ
イケル・ジャクソンのダンスを踊り、完コピ
（完全に真似て再現）していました。両膝を
ぴったりそろえた両脚跳び、複雑なクロスス
テップも軽快にこなします。直立で前傾姿勢

を保つ象徴的なポーズも、傾きこそ少ないも
ののピタッと決めています。マイケル・ジャ
クソンになりきって踊った2歳児に、どん
なことが起きているのか推測してみましょう。
　最初にマイケルの映像を観て「共感」と「あ
こがれ」（1歳後半から現れる）を抱いたの

でしょう。特に「気に入った」「カッコいい」と思った象徴的な動き（ムーンウォーク、前傾ポーズ、帽子とマイクなど）をよく観察して、動きを真似たと思われます。1歳半頃からは、目の前にいない人の動作を再現する（延滞模倣）ことができるようになり、2～3歳ではアイドルになりきって踊る場面が多く見られるといわれています。まさしくマイケル・ジャクソンになりきって何度も繰り返し練習したのでしょう。"練習"といっても本人は楽しみながら熱中していただけで、練習を積み重ねて習得したとは思っていません。ムーンウォークとか○○ステップという名称も2歳児にとっては問題ではなく、全体の雰囲気やイメージを男児なりに直感的に捉え、シンプルに身体の動きで表現したのです。

▶ **多様な動きの体験**

その様子を見守っていた周りの大人に「上手」「もう一回見せて」と褒められたことで誇りを感じ（2～3歳で出現）、リクエストに応え何度も披露した結果生まれた名演技なのです。大人が観て褒めてくれる、あるいは喜んでくれると子どもは何度でも繰り返しやってくれます。好きな動きを何度も繰り返すことで"跳ぶ""廻る"などの単発では飽きてしまう動きも楽しんで体験するのです。

3歳未満児に対しては、周りの大人が一緒に楽しんで動いたり、素晴らしいパフォーマンスを直接あるいは（映像などで）間接的に鑑賞する機会を与えたり、多くの刺激を受けさせたいものです。

図3-2　お星さまキラキラ（2歳児）

STEP 2 ★★☆ 自分でやってみよう
リズムにのって踊ろう

① 好きな曲でリズムにのる

曲のリズムにのる

1 お気に入りの曲（My favorite song）を選ぶ

日頃から好きでよく聴いている曲、つい口ずさみたくなるような曲を選びます。聴いていて気分が晴れるアップテンポの曲やゆったりとした癒し系の曲など、気に入った曲を見つけたら耳を傾け心地よく浸りましょう。

② 身体でリズムやテンポを感じる

その曲のテンポやリズムを指パッチンや拍手で刻んだり、手の平で膝を軽く打って合わせてみます。座ったまま上半身を左右に軽く揺らすだけでも、気分がのって心地よくなってきます。保育者としてではなく、自分自身が音楽やリズムに浸る快感をつかんでみましょう。

TV の CM ソングやミュージカル曲などで耳なじみのある曲（表 3-2）から試してみます。気分がのれば多少リズムがズレても問題はありません。机をボールペンで軽くトントン！と叩いたり、身近にあるカップをコンコン！と打っても澄んだ音が響きます。最初（表）の音を弱く次（裏）を強く打つと、“ズンチャッ・ズンチャッ”とビートが効いてのってきます。

用 語 解 説

のる

「ノリがいい」などの“ノリ”という言葉は、日本の伝統芸能である「能」において、武士の亡霊が現れ戦うクライマックスのリズム感を「オオノリ」と呼ぶことからきているという説がある[3]

表 3-2　耳なじみのある曲

曲名	演奏
Ob-La-Di, Ob-La-Da	The Beatles
君の瞳に恋してる	Boys Town Gang
パプリカ	Foorin
Mamma Mia	ABBA

身体でリズムを刻む

① 立ちあがって弾んでみよう

曲の雰囲気で上半身を揺らしたり指パッチンができたら、少し複雑な動きに挑戦してみましょう。上体の揺れとともに肩や首も左右にリラックスして軽く振ると、リズムにのって動いているように見えます。さぁ、立ちあがって両膝を柔らかく屈伸しながら上下に弾んで（バウンズして）みましょう。今にも踊りだしそうな雰囲気で踊る気満々に見えてきます。

② 上半身の揺れと全身の弾み

仕上げは指パッチンや拍手で調子を取りながら上半身を揺らし、両膝を柔らかく使って身体全体を弾ませるという上半身と下半身の統合した動きに挑戦です。首や肩の力を抜いて表情も柔らかくいい感じで踊れていますか。

② 基本のステップで踊ってみよう

正しい姿勢で子どもたちの前に

　動きで子どもたちに楽しさを伝えたいときには、ま
ず立ち姿をスッキリ見せたいものです。伏し目がちに
子どもを見たり、猫背で暗い雰囲気を漂わせていると、
これから始まる活動も楽しそうに感じられません。子
どもたちと一緒に軽快に身体を動かすとき、「先生の真
似したい」と感じさせるよい姿勢で立ってください。
腰のライン、肩のラインを床と平行に保つように心が

図3-3　よい立ち姿勢（左）と猫背の姿勢（右）

け（ゆがんだ姿勢を矯正）、あごを少し引いて両肩をストン！と下げて首の後ろ側（後頭部
の下）を伸ばす気持ちでスッキリ立ちましょう（図3-3）。

基本ステップ "これだけは"

　基本的なステップを、子どもにも分かりやすい大きな動きでできるように身体を動かしま
す。少し移動を伴いますので、スペースのある部屋で動いてみましょう。

■ マーチ

　マーチ（march）とは、音楽に合わせてリズミカルに歩く（足踏みする）ことです。マー
チは行進するという意味もあるので、軽快に前進や後退することもマーチになります。歩く
だけなら日常的にしていることなので簡単そうですが、子どもたちに「元気はつらつ・楽し
そう」に見せるにはコツがあります。まずは、高く腿をあげて足踏みすることから始めましょ
う。腕の振りは前後に大きく、腕をぶらんと下げたままではシャープな動きに見えません。
左右の腕を直角に曲げて、肘で背面にある壁を打つような気持ちで体幹の後ろまで大きく振
ります。脚をあげる角度・腕振り・姿勢・顔の向きなど、自信がもてるまで鏡を見ながらマー
チの練習してみてください。

■ スキップ

　スキップは、おおむね3〜4歳の子どもができるようですが、皆さんはどうでしょうか。
左足でステップ（1歩）→その足でホップ（跳ねあがること）→右足でステップ→その足で
ホップを繰り返します。その場でスキップを繰り返すことも、前後や弧を描いて空間を自由
に移動することもできます。スキップが苦手な子どもを真ん中にし、3人連手で前進すると、
二人三脚のように引っ張られてスキップが自然にできるようになります。子どもは心が弾む
と身体も弾み、歩きからスキップへ移行しますが、保育者も明るく軽快にできるよう身につ
けましょう。

図3-4 スキップ A（前後に移動）

図3-5 スキップ B（弧を描いて）

3 ツーステップ

前方へ大きく移動できる勢いのつくステップです。右足を前方に一歩出したら、左足を右足にそろえます。次にもう一度右足を前に出して、右バージョンが終わります。左バージョンは、左足を前方に一歩出し右足を左足にそろえ、次にもう一度左足を前に出します。この左右のセットをスムーズに繰り返し前進します。スピードアップでより楽しさが増します。

これらの基本的なステップを、明るく元気よく余裕をもって（笑顔で）できるようになると子どもたちと一緒にヴァリエーションを楽しめるので、ぜひマスターしておきましょう。他にも「ギャロップ」という横に足をスライドして移動するステップも"カニさん走り"と名づけると子どもたちがイメージをもって楽しめるので、覚えておくとよいでしょう。

STEP 3 ★★★ 保育の現場でやってみよう

弾むリズムで楽しくスキップ

① この指導案の特徴

軽快なリズムにのって大きく腕を振り元気に歩き始め、自然に身体が弾んでスキップへと移行する活動です。基本ステップの技能習得が目的ではありません。子どもたちの身体がリズムやメロディに誘われて動きだし、仲間と楽しさを共有することがねらいです。進め方は、ステップから始めるのではなく"軽快なリズム（曲）"を提示し、そのリズムに子どもたちが反応する流れにしましょう。

PART 2 第3章

② 実施するときのポイント

準備するもの

　音楽プレイヤーと軽快な曲を２〜３曲用意しておきましょう。曲のテンポはマーチ（その場で足踏み）を元気よくできる普通のテンポから、やや速いスキップやツーステップに対応できる曲があると、発達段階や好みに合わせられます。子どもたちは今どんな曲に親しんでいるのか、どんな曲がかかると子どもの身体が反応するのかを日頃からよく観察しておきましょう。歩くときには「さんぽ」（となりのトトロ）がちょうどよいテンポで、子どもは大きく腕を振って歩きだします。スキップは「おつかいアリさん」のリズムがぴったりです。歌いながらのスキップもやってみましょう。

個人差への配慮

　はしゃいですぐに動きだす子どもと、リズムにのりきれずモジモジする子どもが見受けられます。全員が一斉に動きださなくても、身体が動き始めた子どもから楽しい気分が徐々に伝染するくらいがよいと思います。スキップやギャロップなどのステップは、完璧にできなくても弾む気持ちが動きになって表出しているだけで十分といえるでしょう。ステップの技能習得をねらいとしたドリル（反復練習）にならないことが大切です。

個人活動から集団活動へ

　子どもたちの遊びや運動は、一般的に「先生と一緒に」から「仲間と一緒に楽しむ」「集団で工夫できる」という流れで発展します。しかし、１つの段階を全員がクリアしてから次の段階へと進む必要はありません。子どもの様子を観察し、次に進むか今楽しんでいる活動を続けるかの判断力が保育者には問われます。

③ 指導上の要点

導入

　「この音楽に合わせて動きをそろえる練習をします」という活動ではありません。音楽のテンポに合わせて動くというより、子どもたちが喜ぶ楽しい曲を流して反応を見守る方が、保育者主導の一方的な活動にならずに子どもたちが能動的に動くことにつながるからです。

展開

　子どもたちがリズムを感じて身体を揺らしたり弾ませたりし始めたら、いよいよ主活動に入ります。全員が動きだすのを待つ必要はありません。今はじっとしている子どもでも周りを感じながら徐々に動きだすかもしれません。子どもたちは楽しさが増してくるとテンポが

速くなる傾向がありますが、多少バラバラでも中断せずに続けましょう。

発展

　スキップから子どもたちがどのような反応を見せるのか予想は難しいですが、複数のパターンを想定しておきましょう。一人一人お気に入りの動きを繰り返しながら楽しんでいる場合は、むりに誰か（仲間）と組ませようとはせず、楽しいウキウキした気分や雰囲気を共有することで十分です。逆に 1 人が誰かの真似をし始めて、その動きが徐々に伝染して全員が同じ動きになってしまう場合もあります。これも自然な流れですから、保育者が集団を分けたり逆に全体をそろえようとせず、同じタイミングでスキップする楽しさを十分味わわせてあげましょう。保育者自身の楽しそうな様子が子どもたちの気持ちをさらに盛りあげます。多少間違えても保育者が心からリズムを楽しんでいる様子は子どもに伝わるものです。

[引用文献]
1）野井真吾「いま、子どもの " からだ " はどうなっているか」『教育 No.829』かもがわ出版 ,2015, pp.15-24
2）ルートヴィヒ・クラーゲス・杉浦實（訳）『リズムの本質』みすず書房 ,1971, p.28
3）本田郁子・薫大和『人はなぜおどるのか：踊りがむすぶ人と心』ポプラ社 ,1995, p.76

部分実習指導案：

弾むリズムで楽しくスキップ

実施日　6　月　14　日　木　曜日
対象児　5　歳児　15　名（男　7　名／女　8　名）

【主な活動内容】　リズムにのって友達と手をつないだり廻ったり、いろいろなスキップを
楽しむ。

【子どもの実態把握】
・リズミカルな曲が流れると、すぐに身体を弾ませる子どもがいる一方、反応のうすい子どももいる。
・保育者の真似をして動きを楽しむだけでなく、仲間と関わって動くこともできる。

【部分実習のねらい】
・軽快で弾むリズムを身体で感じながら、マーチやスキップを楽しむ。
・友達と手をつないだり輪になってスキップすることで、空間や身体を大きく使う体験をする。

時　間	環境構成	予想される子どもの活動	保育者（実習生）の援助・配慮点
導入 3分	・軽快な曲（BGM）を用意しておく。 ・遊戯室など広い空間。 保育者 隊形：保育者の前に集まる。	○保育者の前に集まり座るが、おしゃべりしている子どももいる。 ○無意識に身体が反応している子どももいるが、気づかず遊んでいる子どももいる。 ○「あ〜っ○○（曲名）」「知ってる〜」など徐々に反応し始める。 ・身体を左右に揺らしたりぴょんぴょん跳ねたり、思い思いの反応を見せる。	○「今日は楽しく弾んでスキップしましょう」と、表情が見える場所に座るよう援助する。 ○子どもたちがワクワク、ウキウキするような曲を、音量を低く抑えて流しておく（保育者の声が聞こえる程度の音量で）。 ○「何か音楽が聞こえない？」と興味をもつように促し、しばらく子どもたちの様子を見る。 ・多少騒がしくても「静かに」や「立たないで」などの指示は極力避け、動向を見守る。
展開 15分	保育者 隊形：一人一人がバラバラに。	◎「踊るの大好き」という子どもや「え〜できないよ」という子どももいるが、何が始まるのか興味がわいている。	◎「今日はウキウキノリノリのリズムで楽しく踊ってみよう」と声をかける。導入時に流した曲を子もたちによく聞こえる音量でかけ、反応を観察する。

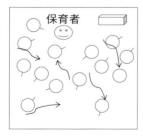

○前奏を聴いて「トトロ」と気づく子ども、足踏みを始める子どももいる。保育者の後を追ったり友達と並んで歩きだす子どももいる。

○曲のテンポに歩みを合わせ、保育者と一緒に自然に身体を弾ませ始める。

◎テンポのよい歩きから弾んでスキップに移行する。

・抵抗なくスキップに移行できる子どももいるが、動きが急に止まってしまう子どももいる。

◎スキップをしながら、出会った子どもと一緒にリズミカルに移動する。

・1人になってスキップの動きが止まってしまう子どももいる。

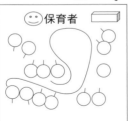

隊形：2〜3人で手を組んだりつないだり。

◎他の子どもとの関わりを楽しみながらスキップする。

・周囲を見渡せず移動時に互いに接触する場面もある。

◎「つながって電車」「目が回るけど楽しい」と、次々に動きが変わることを楽しんでいる。

まとめ
2分

◎「スキップできたよ」「もっとやりたい」と口々に話す。「みんなと手をつないだよ」と楽しそうにしている。

○「みんなで散歩にでかけるよ」「遠くまで行こう」と声をかけ、「さんぽ」の曲で保育者も腕を大きく振り元気よく歩きだす（マーチ）。

○「元気いいねぇ」と褒めてマーチを続け、弾んだり跳んだりしている子どもの真似をしながら自然にスキップにつなげる。

◎「スキップで楽しくいろんなところに行ってみよう」と自然にスキップに移るよう促す。

・「どこに行こうか。広い公園？お友達と手をつないでもいいね」と声かけをして動きを引きだす。

◎「お友達と会ったら、一緒に出かけよう」と声をかけ、2〜3人で手をつなぎながらスキップするよう促す。

・1人だけでいる子どもと手をつないだり、保育者も子どもたちの中に入って一緒に動く。

◎移動している子どもたちの様子を観察しながら見守る。

・安全面に配慮しながら、多少の身体接触はあえて止めない。

◎「○○ちゃんの後ついていこう」「みんなで手をつないだら輪になるね」と友達と関わりながら楽しめる声かけをする。

◎「楽しかった？お友達と一緒にスキップしたね」と、身体いっぱい楽しさを表現したことが感じられる声かけをする。

STEP **1** ★☆☆ 基礎理論
スポーツと身体表現

① スポーツと身己表現

スポーツとは

1 スポーツの定義

「スポーツ」とは日本国内では「運動・体育」と同義に捉えられ、一般的にはサッカー、陸上競技、体操など、競争的要素を含む身体運動の総称となっています。しかし、スポーツ（sports）本来の意味には「気晴らしをする、遊ぶ、楽しむ」という要素も含まれていることから、競技成績だけにこだわらず身体運動そのものを楽しむこともスポーツの醍醐味といえます。

用 語 解 説

スポーツ（sports）
肉体や用具を用いて人間が考えだした遊戯や競争、肉体訓練を目的として肉体を動かす行為を意味する。語源はラテン語（deportare）であるが、古いフランス語（desport）には「気晴らしをする、遊ぶ、楽しむ」との意味があり、現在の sport にいたった。

2 スポーツの種類

スポーツ競技の種類は何種目あるのでしょうか。『スポーツ辞典』によると、約 200 種類ともいわれています。2018 年の冬季オリンピック（韓国・平昌）では、スピードスケートやフィギュアスケート、スノーボード、カーリングなど 15 競技 102 種目があり、2020 年の夏季オリンピック（東京）では 33 競技 339 種目となっています。私たちが知らない競技種目もまだまだ多くありそうです。

スポーツも身体表現の１つ

表 4-1 競技種目名（例）

夏季種目	冬季種目
水泳・アーチェリー・陸上競技・バドミントン・ハンドボール・野球・ソフトボール・バスケットボール・ボクシング・体操・カヌー・フェンシング・柔道・ラグビー・卓球・テニス・空手・ゴルフ・サッカー・トライアスロン・ホッケー・バレーボール・レスリング・ボート・サーフィン・スケートボード・セーリング・スポーツクライミング・ウエイトリフティング	（スケート）スピード・ショートトラック・フィギュアスケート・（スキー）アルペン・クロスカントリー・ジャンプ・バイアスロン・ノルディック複合・フリースタイル・（ソリ）ボブスレー・リュージュ・（その他）カーリング・アイスホッケー

1 結果を問うスポーツ

身体表現とスポーツの違いは何でしょうか。個人競技である陸上競技の男子短距離100m走では、10秒の壁を破ってより速く走ることを競っています。ラグビーやバスケットボール種目では、作戦を立て一人一人が自分の役割を果たしながら、いかに相手チームから得点を奪い取るかが勝負です。芸術的な要素も評価の観点である演技種目も、より難易度の高い技に挑戦し高得点を目指します。スポーツすること自体を楽しんだり日頃の気晴らしの側面ももちながら、最終的には競技成績や勝敗、パフォーマンスの向上を目指すのがスポーツといえるでしょう。

図 4-1 夏や冬のスポーツ

2 イメージを共有する身体表現

身体を動かして観客や審判に演技や技を披露する点では、スポーツも身体表現も似ています。スポーツも種目ならではの特徴的な運動の起伏をもってリズミカルに身体を動かしますし、新体操やフィギュアスケートなどは、審判員の採点に関わらず芸術性の高さが観客の感動を呼ぶ場面が多々あります。しかし、身体表現やダンスはあくまで自己表現が目的であり、その手段が音楽を奏でるための楽器や絵画を描くためのキャンバスではなく"身体"であるということなのです。数値で表わされる成績評価や勝敗を決することが目的ではなく、「表現する」(身体運動)こと自体が主目的であり、評価は鑑賞や反響、共感といった受け取る側の感受性にゆだねることになります。

3 スポーツは広義の身体表現

スポーツは広い意味での身体表現と捉えることもできます。身体運動の成果を審判にアピールして高得点をねらったり、広いスタジアムの観客を味方につけて大声援を受けたりするのは、競技であると同時に身体による自己表現ともいえるからです。

② 心が動けば身体も動く

スポーツ選手へのあこがれ

子どもは、躍動感のあるスポーツを見たり真似たりすることが大好きです。テレビで観る陸上競技や水泳競技、サッカー、野球、フィギュアスケートなどの人気スポーツは、たとえルールが分からなくても、最高のパフォーマンスに興奮している様子を観察することができます。また、空想をふくらませることやあこがれの存在(ヒーロー)になりきることが得意な子どもは、アスリートの素晴らしい演技の中核となる動きを瞬時に捉えることに優れた能

力を発揮します。一流のアスリートがもつ運動の起伏（心地よい運動の流れ）や軽快なテンポが、子どもの好奇心を呼び覚ますのかもしれません。子どもは、美しいフォームや躍動的な動きに「自分もやってみたい」「できるかも」とあこがれの気持ちを抱きます。その想い（心）が子どもの身体を動かすのです。真似しているときは優れたアスリートと同じようにできているつもりで動きを楽しんでいます。動き（身体表現）の原動力となる"あこがれ"の気持ちを保育者は大切にしてあげたいものです。

スポーツ選手になりきる

　芸術であれスポーツであれ、こうありたいというイメージをもつことは大事です。昨今では、アスリートが理想的なプレーを思い描く"イメージトレーニング"の重要性が認められています。自分が優れたパフォーマンスをしているイメージを抱き、モチベーションを高めるのです。子どもは何者かに"なりきる"ことが大好きですが、なりきって動くことは"イメージトレーニング"に似ているかもしれません。子どもが一流アスリートになりきってくり広げる「すごい技」「美しいフォーム」という想像の世界（イメージ）を保育者は受け止めてあげましょう。

STEP 2 ★★☆ 自分でやってみよう エアースポーツを楽しもう！

① スポーツの名場面を切り取る

　皆さんは「エアー○○」という言葉をご存じですか。エアーギターなら知っているかもしれません。ここでは、子どもたちの思いきりのよい動きを引きだすために、日頃から好きで観戦しているスポーツや過去に体験したことのあるスポーツの中から、特徴的な動き（一番そのスポーツのよさが分かる動作）を選んでエアーで動いてみましょう。

用語解説

エアー

ロック（Rock）音楽のシーンから生まれ、欧米のロックコンテストの余興として「ギター演奏している真似が上手か」を競ったのが始まり。そこから実際にはないものをあたかもそこにあるように大げさに動くことを、「エアー○○」といい、真似をするという意味に使われるようになった。

② スポーツの決定的瞬間とは

1 写真や動画から

スポーツニュースでは、活躍したアスリートの試合結果とともに象徴的な写真が掲載されています。スポーツ新聞やパソコンから検索できるニュースの「スポーツ欄」をのぞいてみると、女子ゴルフ界で大活躍している若手のS選手については、「ティーショット（第1打）を打つS選手」という見出しつきで、クラブを振り切ったダイナミックなフォームの写真が掲載されています。プロ野球のニュースには勝ち投手の投球フォームが載っていますが、ボールが手から離れる直前の全身がムチのようにしなる姿が印象的です。

図4-2　スポーツの決定的瞬間

それぞれのスポーツは、他のスポーツにはない独自の運動フォームや超人的なパフォーマンスが大きな魅力となっています。運動競技の高みを目指した結果、淘汰されて生まれた美しい動きといえるでしょう。スポーツの決定的瞬間として切り取られる場面は、最もそのスポーツの特徴（素晴らしさ）を表現しているものです。見つけだして目で楽しんでみましょう。

2 動きを言語化してみる

子どもたちは、スピード感があったり躍動的に動くものや人を見たり真似するのが大好きです。「自分もあんなふうになりたいな」というあこがれを抱きます。そんな子どもにとって正式種目名や感動の場面を言葉で説明する必要はなく、「カッコいい」と感じた瞬間には身体が反応して飛びあがったりスウィングしているのです。直感的に動く無邪気な身体表現は、大人の私たちにはなかなかできないようです。

ここではスポーツの特徴的な場面（象徴的で魅力的な場面）を言語化してみましょう。表4-2の4の空欄にどんな文章が入るか考えてみます。頭の中に何となくイメージはわいても、いざ言葉にするのは難しいものです。動きを言葉に変えることがいかに難しく、しかも瞬時の素晴らしさが言語化によって失われていくことにも気づくはずです。大人は何とか言葉で表そうとしますが、子どもであれば「話すより動いた方が早い」と感じるでしょう。

表4-2　スポーツの名場面シーン

No.	スポーツ種目	特徴的な象徴する運動場面
1	水泳 / バタフライ	トビウオが海を跳ね渡っていくような躍動的な全身のうねりで繰り返し前進。
2	ラグビー	相手チームのタックルをジグザグに走ってかわし転がり込みながらのトライ！
3	バスケットボール	ドリブルから相手のガードを2〜3人すり抜けてからのダンクシュート。
4	サッカー	（　　　　　　　　　　　　　　　　　　　　　　　　　　　　　　　）
5	サーフィン	大波に乗って倒れそうになるが耐える全身のバランス感覚、次の波にも乗る。

3 ベストショットを見つけて動きにしよう

　いよいよ一流アスリートになったつもりでエアースポーツに挑戦です。鏡もしくは窓ガラスに映った自分のポーズ（フォーム）をチェックしてみましょう。オーバーアクション（大げさな動き）がコツです。誰も見ていない部屋で大胆に「一流アスリートなりきりポーズ」を決めて自画自賛しましょう。幼少の頃、大好きな選手のフォームを真似してなりきり遊びをしたことはありませんか。イチロー選手が打席に入ってからボールを打つまでのルーティン（一連の手順）、サッカー選手のカズダンスなどは、真似した人も多いことでしょう。冬季オリンピックのフィギュアスケートでは、金メダリストが魅せた技で、上体を後ろに反らせた"イナバウアー"が流行りました。最近は、女子でも4回転ジャンプに挑戦していますね。次に、同じ保育の道を志す仲間と一緒に連携プレーしてみましょう。「ピッチャー投げました〜、バッター打ちました、ホームランです！」というストーリーも作りながら、オーバーアクションで動きましょう。子どもと楽しくスポーツ体験をするには、イメージが大事ですから。

　前述の表4-2を活用して、オリンピックのメダリスト気分で「エアーサッカー」「エアースケート」「エアー水泳」を体験してみましょう。自室で鏡に向かって、カッコいいポーズを決めてみます。子どもたちと一緒に「エアースポーツ」を楽しむときに、「先生すご〜い」「超カッコいい！」と思われることはとても重要です。あこがれの存在、真似してみたい存在に一瞬でもなれたらいいですね。子どもたちの方が無心でスポーツの特徴を丸ごと（全体）つかんで、それらしくパフォーマンスするかもしれません。保育者自身も恥ずかしさを捨て、名選手になりきって動いてみてください。次のSTEP3でも述べますが、運動ができるかできないかを問うのではなく、身体を大胆に働かせる活動なのです。

STEP 3 ★★★ 保育の現場でやってみよう
スポーツの名場面を身体で表現しよう

①　この指導案の特徴

用具を使わない（エアーで行う）

　身体表現では競技スポーツと目的が異なり、速く走ったり相手と競争して勝つことが主な目的ではありません。様々なスポーツの印象的な場面を取りあげアスリートになりきって楽しむ活動なので、ここではボールやバットなどの用具は使いません。実際のボールやラケットを使うと、キャッチし損ねたり空振りしたりと失敗場面が多くなります。それでは運動の心地よい起伏（流れ・リズム）が途切れてしまいます。落ちたボールを拾う時間や再び体勢を整える時間に多くを費やしてしまうと、動きそのものを楽しむ時間が削がれます。「でき

ないこと」がクローズアップされてしまうのです。一流アスリートになった気分（雰囲気）が大切なので、難しい技を軽々こなせる姿をイメージして楽しむことに重点をおきましょう。勝敗を身体で表現する子どもの動きも否定せず、ハイタッチして喜ぶ場面や負けてがっくり膝を落としているスポーツマンの姿が印象に残っている子どももいるかもしれません。スポーツ競技のドラマチックな場面を想起して動きましょう。

多様な動きの体験

運動の心地よい流れを身体で感じたり、ムーヴメントの起伏（メリハリ）を体験することは、幼児期以降の運動発達にもよい影響を与えます。動きのもつ起伏や躍動感（ダイナミズム）を体感することは、運動の醍醐味を知るきっかけにもなります。できるだけ多くの動きを体験してみます。最近のスポーツイベント（オリンピックやワールドカップ、箱根駅伝など）から子どもたちの記憶に新しい出来事をヒントに出すと、多くの種目が思い浮かぶでしょう。

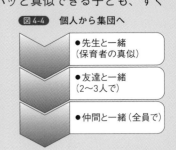
図4-3　エアーゲートボール

② 実施するときのポイント

指導の留意点

1 個人差 ～自分なりの表現～

もともと身体を動かすことが大好きでどんなスポーツでもパッと真似できる子ども、すぐに動きださなくても観ることに興味を示す子どもなど、様々な子どもがいます。最初から全員が活発に動くとは限りません。また身体運動だけが身体表現でもありません。興味がわかない、気分がのらないという気持ちでうずくまっているのも「身体で（気持ちを）表現」しているからです。保育者は、子どもの身体から発する声に耳を傾けることが大切です。

図4-4　個人から集団へ

- ●先生と一緒
（保育者の真似）
- ●友達と一緒
（2～3人で）
- ●仲間と一緒（全員で）

2 個人活動から集団活動への移行 ～段階的に人数を増やす～

スポーツにおいて、仲間と協力して相手チームに勝てたときの嬉しさや楽しさは格別です。複数のスポーツ種目の動きを体験したら、近くの友達とペアを組んでダブルスに挑戦したり、ボールゲームも楽しめるように徐々に人数を増やしてみましょう。ここで大事なことは、保育者の真似をしたり自分なりにアレンジする場面（1人で発見して楽しむ時間）をたっぷり体験することです。一人一人が動きを見つけないと人数が増えても発展しないことが多いの

で、先生の真似っこ・先生と一緒の場面をじっくり行うよう心がけてみてください。

図 4-5　スポーツいろいろ

3 準備するもの ～BGM～

ボールやラケットなどの道具は使わないので、比較的安全に行える活動です。雰囲気づくりとしては、スポーツ場面を想起させる音楽（BGM）が効果的です。表 4-3 に参考までに数曲あげてみましたが、これ以外でも子どもがはつらつと動けそうな曲を準備しましょう。

表 4-3　スポーツの BGM（例）

曲名	演奏者
Hero	安室奈美恵
GUTS!	嵐
We Are the Champions	Queen
兵、走る	B'z

導入・展開・発展の特徴

1 導入（視覚や聴覚からの情報共有）

ヒントとして写真や動画を見せて、視覚から情報を共有したり口ぐちに好きなスポーツを声に出してみます。ここでは保育者もどんどん発言します。耳から入る情報も大事です。誰かの言葉で「ああ、こんな種目もあった」と連想が広がっていきます。保育者はスポーツの種類を列挙するだけではなく、スポーツのどの場面に子どもが着目しているかに気づくようにしましょう。はじめは「こんなスポーツもあるね」「○○（スポーツの種類）知ってる？」と問いかけてみます。子どもが動きだしたら、「サッカーね」「クロール（水泳）かな」と同

調して「どんなところ（場面）？」と、子どもがどこに魅力を感じているのかを受け止めます。

　正式な競技種目名が分からなくても、"こんなふうに転がるの""ジャンプしてからバシッて決める"など、知らぬ間に身体が動いているかもしれません。誰かが自然に動きだしたら、身体表現によるエアースポーツ劇場がいよいよ開幕します。

２ 展開

　導入部で十分に心身がほぐれて気持ちが一流アスリートに近づいたところで、展開部に入ります。導入が不十分だと子どもたちもよいアイディアが浮かばないので、先を急がないことが大切です。展開部に入るにあたって不安がある場合は、導入部分だけで楽しむ活動もあります。目の前にいる子どもの状況を判断して、臨機応変に進めましょう。指導案はあくまで「案」なので、判断するのはその場にいる保育者です。保育者自身も自由に楽しく身体を動かすことが、子どもにとっても何より楽しい出来事なのです。

３ 発展

　子どもたちは楽しかった活動なら何度でも繰り返したいと思っています。リクエストが出たら新しい競技種目にも挑戦しましょう。数回の活動を、保育者がまとめて演出を加え発表会作品を創ることもできます。創作作品に正解はないので、多少荒削りでもどんどん作品構成を試みてください。子どもを生き生きと見せる演出家になってみましょう。

③ 具体的な指導案

部分実習指導案：

> # スポーツのヒーローになりきって思いっきり動こう

実施日	6 月 14 日 水 曜日
対象児	5 歳児 13 名（男 7 名／女 6 名）

【主な活動内容】
　　　　　一流アスリートになりきってスポーツの名場面を表現してみよう。

【子どもの実態把握】
・跳・走・投など多様な動きができるようになっている。
・仲間と違う独自の動きを見つけたり、表現したいものの特徴をつかんで表そうとする。

【部分実習のねらい】
・一流アスリートになりきることで、いろいろなスポーツの特徴を捉え、表現を楽しむ。
・スポーツ場面をイメージしながら思いきり動くことで運動のもつ躍動感を体験する。

時間	環境構成	予想される子どもの活動	保育者（実習生）の援助・配慮点
導入 0:05	・室内（プレイルーム） ・安全面に気をつけ、周囲や足元に危険なものがないかチェックする。 ・元気の出る明るいBGM（スポーツ番組時に流れる曲など）を用意する。 ※参考曲：表4-3	○保育者の前に一人一人座る（整列の必要なし）。 ○「体操」「サッカー」と口々にスポーツ種目をあげる。ボールを蹴る動きやポーズを決める子どももいるが、興味が薄い子どもも見受けられる。 ◎楽しそうに保育者の真似をして「ポン」「バシッ」など、自然に声も出しながら動いている。	○「先生のところに集まろう」と声かけし、子どもの様子を観察して心身の状態を把握する。 ○「オリンピックあったね。どんなスポーツが好き？」「どんなところがカッコよかった？」とスポーツに関心が向くように問いかける。保育者もいくつか種目名をあげ興味を引きだす。 ◎「高～くジャンプ！」「す～いすい！」とオノマトペも使い保育者自身も楽しみながら子どもと一緒に動く。
	・子ども同士がぶつかって転んだりしていないか、常に様子を注視する。	・同じ種目でも自分なりの動きを楽しんでいる子どもや友達の動きを率先して真似する子どももいる。 ・キャッチしたり落球したり楽しそうにしている。	・面白い動きの子どもには、具体的に「○○選手みたい」と褒め、「みんな一緒にやってみよう」と促す。 ・「投げたらキャッチして」と互いに呼応する動きも引きだす。

展開 0:13		◎活動内容を聞く。「100m を10秒で走る」や「技をピタッと決める」など多くの場面が出てくるが、「何にしよう」と迷って決められない子どももいる。	◎「好きなスポーツを選んで、"なりきりアスリートゲーム"をします」と伝える。好きなスポーツのカッコいいところを表現するよう説明し、「どんなスポーツにする?」と問いかける。
	・ワクワクするようなBGMを流しておくが、音量は控えめにする。	・すぐに動きだすチームもあるが、停滞チームもあり、動きだしに時間差が出る。 ◎「ピタッとポーズが決まるとこ」「ポン!て高く跳ぶの」と、見映えのする瞬間をよく捉えている。 ・一人一人が自分なりのカッコよさにこだわって動きを楽しんでいるチームや、動きをそろえて一体感を出そうと苦心しているチームも見られる。	・保育者が2〜3種目選んでチーム分けをし、1人でもやれる子どもには柔軟に対応する。 ◎「どこが一番カッこいい?」とスポーツ種目の特徴を捉えた場面を選んで動いてみるよう促す。 ・選んだ運動種目の特徴を捉え、一人一人が躍動的な動きに挑戦しているチームを「みんないい動き」と褒め、動きをそろえようと練習しているチームも認める。
	・各作品に合うような曲を選んで、気分が盛りあがるような音量でBGMを流す。	◎パフォーマンスが大好きで、はりきって発表する子どももいるが、「恥かしい」とためらう子どももいる。 ・「本物みたい」「シュート入った!」と褒め合う。	◎半分ずつ見せ合い(発表)「〇〇チームはどんなスポーツを楽しんだの?見せてね」と半分ずつ見せ合いをする。 ・見終わったら必ず拍手することを約束する。
まとめ 0:02		◎「〇〇チームすごかった」「滑って転ぶとこ面白かった」「パスきたからシュートしたの」と楽しかった場面を振り返る。 ◎「こんな種目もあるよ」「今度リレーやりたい」などの声があがる。	◎「どうだった?メダリストになれた?」「どのチームも大活躍だったね」と思いきり身体を動かして楽しんだことを褒める。 ◎「今度は違うスポーツにもチャレンジしよう」と次回への期待が感じられるように話す。

[参考文献]
小倉伸一『スポーツ辞典』アルトテラス・えほんの杜 ,2012

声で楽しむ音楽表現

1 子どもにとっての音楽表現とは

《1》 音楽的表現の発達

　子どもの言動の全てが表現であるといわれるように、子どもは思ったり感じたりしたことをそのまま言葉や行動、表情などで表して生きています。音楽表現の基盤となる聴覚は早い段階から発達していることが分かっており、成長とともに声や音や音楽に興味をもって聴くようになり、喜んだり怖がるなどの感情を表現して反応する様子が見られます。産声をあげることから始まった声の表出は、喃語をさかんに話し、短い単語をしゃべり始め、短文をしゃべるようになり、やがて短い歌らしきものを歌うようになります。また、身近にある音の出るものを使って自分の感情をそのまま表出する乳児期から、次第に相手を意識して意図的に表現するようになります。そして、声や音は生活の中の音楽との出会いによって、次第に音楽として意味づけられ、イメージされていくのです。歌や音楽の好みも出てきて、同じ曲を飽きることなく歌ったり作り歌を歌う様子もしばしば見られます。これらの過程は、表現する子どもとそれを受け止めてくれる相手との関係の中で育まれていくと考えられます。子どもはちょっと口ずさんだ歌を周りの大人に褒められたり喜んでもらえると、ますます自信をもって歌うようになり、みんなに聴いてもらいたいと思うようになるでしょう。このように大人と一緒に楽しい音楽体験を積み重ねていきながら、年齢とともに様々な音楽のツールを使った表現ができるようになっていくのです。さらに、幼稚園や保育所に入園すると、合唱や合奏など、仲間と協働して表現する喜びを得る体験もします。その過程で、子どもは様々な心情的な葛藤や達成感を感じながら成長していくのです。

《2》 他領域との相互関連

　このように音楽表現は身体や言葉、社会性などの発達と関連しながら表現の幅を広げていき、他の領域との相互関連の中で総合的に育まれていきます。たとえば、楽器を扱う際の手指の動きや発声する際の喉や肺機能の発達は領域の「健康」に、大人や友達と一緒に歌ったり合奏したりする際の関係づくりは「人間関係」に、楽器の構造の理解や自然や生活の中の音の発見は「環境」に、歌詞の内容理解やイメージは「言葉」に関連しているといえます。
　したがって、この時期の子どもには他の領域との関連を踏まえて、総合的に指導していく

ことが大切です。それには子どもが音や音楽の美しさや面白さに気づき、表現したい事柄をイメージして、様々な音楽のツールを使って表現して楽しむことができる環境や機会を整えることが大切です。

　また、音楽表現は「聴く」という聴感覚をもとに、音やリズムやメロディなどの音楽要素を媒体として表現されます。しかし、保育現場で扱う音楽表現は、楽譜に書き表すことのできる音楽要素に限定されることなく、音や声による様々な表現も音楽表現と考えてみましょう。自然界の音や身近にあるものの音の特性に気づいたり、オノマトペなどの言葉のリズムやボディパーカッションなどの表現方法も音楽表現の1つとして考えると、さらに豊かな感性や表現力、創造力が育まれるでしょう。

2 子どもを取り巻く現状

《1》 現代の音環境

　子どもを取り巻く現状を音環境から考えてみましょう。音環境は様々なメディアの普及によって、昔とは大きく変わってしまいました。昭和の時代は生活環境も静かで、電気機器を通した音といえばせいぜいラジオやテレビ、レコードくらいでした。夜はシーンとしていて虫の音や葉擦れの音が聴こえていろいろな想像をしたものです。しかし、今では多くの子どもがテレビやタブレット、スマートフォンなどから流れる音楽やゲーム音、電子機器から流れる人工的な音の中で生活しており、自然界の音やアコースティック楽器の生の音や歌声を聴く機会がすっかり減ってしまいました。

《2》 本物の音を聴くことの意義

　自然界の音やアコースティック楽器の生の音は、実物に関わらないと聴くことができません。実物に関わって感情体験とともに音を聴くこと、つまり様々な感覚を刺激して心を動かされる体験をすることが大切なのです。テレビやタブレット、電子楽器などから聴こえるバーチャルな音は画一なもので、豊かな感情体験とはいえないでしょう。保育者は子どもが自然の音や身近な音に気づき、そこから様々なことをイメージしたり、心情を感じるように心がけて支援していくことが大切です。もちろん、簡単に身近に聴くことのできない音や音楽をインターネットなどで見聞きしたり、電子楽器でしか表現できない音色を楽しむことは、子どもの興味・関心を広げることに多いに役立ちます。保育者はその長所と短所を理解しておくことが必要だと思われます。

★☆☆ 基礎理論
声や歌唱による音楽表現

まず、音楽表現の基盤となる聴くことについて理解しましょう。次に、声や歌唱による音楽表現とその指導について考えてみましょう。

① 「聴く」とは

音楽表現活動は「聴く」ことが基盤になって行われる活動であり、大変重要なポイントになってきます。聴くとは奏でられた音を受動的にただ聴くのではなく、能動的に耳を傾けてじっと聴き、そこからいろいろなことを感じて認知してイメージを膨らませ、自分の心情に訴えて表現につながる一連の流れを意味しています。つまり、表現することと聴くことは一体なのです。また、日本人は昔から虫の音や風や雨の音をいろいろな言葉やオノマトペで表現してきたことからも分かるように、繊細な聴感覚をもち合わせています。昨今は、騒音に溢れていて静かな音環境を手に入れることは難しい状況にあります。

しかし、耳を傾けてよく聴くことは、心を傾けることにつながります。保育者は子どもの豊かな感性を育むために、いろいろな音に気づいて、そこから感じることのできる音環境を整えていきましょう。

> **用語解説**
>
> **オノマトペ**
> 「ポツポツ」「ザーザー」「シュッシュッ」などの自然界の音や物事の事象を音で表した言葉。擬音語、擬声語、擬態語。

自然や生活の中の音を聴く場合の指導ポイント

自然や生活の中には様々な音があります。自然は鳥や虫の声、水や波の音、風や雨や雷の音、動物や葉擦れの音など、豊かな音であふれています。それらの音は私たちを取り巻く地球の素晴らしい環境であり、その音に耳を傾けるとき、生命の息吹を感じさせてくれます。

日本の自然には四季があり、折々で聴こえてくる音も変化します。保育者はなるべく子どもと共に自然豊かな場所に出かけ、いろいろな音を聴く体験を通して豊かな感性を養い、表現につなげていくような遊びに発展させていくとよいでしょう。聴こえてきた音から心情を想像し、イメージを膨らませてお話を作ったり、身体で表現してみるのも面白いでしょう。

また、生活という生きる営みの中もたくさんの音であふれています。普段は聞き流していることが多い生活音ですが、少し耳を傾けてみると様々な面白い音でいっぱいです。料理をするときに出る鍋で煮たり包丁で刻む音、入浴時に風呂場に響く声や湯船の水の音、忙しそうに回る洗濯機の慌ただしい音、また靴音は歩いている人のいろいろな気持ちまでも伝えてくれます。まさに、人々が活動して生きている証の音です。保育者は子どもがこれらの生活

の音に気づくように環境を整え、イメージして表現遊びに発展させていくとよいでしょう。

　このように、聴こえてくる音の背景にある心情にまで想像を膨らませて思いを巡らせることは、自分の気持ちや考えを客観的に捉えたり、相手の気持ちを思いやるなど、豊かな人間関係にもつながっていくでしょう。

楽曲を聴く場合の指導ポイント

　音楽作品を鑑賞したり保育者自身の歌や演奏を聴いたりすることは、子どもの豊かな心情を育みます。音楽作品は作曲者や作詞者の心象や情景などを表現しており、聴く者に様々な心情の変化を起こさせます。子どもたちの気持ちを落ち着かせたいときや元気を喚起したいときに使う曲、行事や身体表現のために使う曲、皆で歌ったり合奏するときに使う曲など、様々な場面で音楽を聴くことがあります。保育者は子どもの発達段階や状況、目的に合わせて選択し、集中して聴けるように場所や音量などの環境を整えて聴かせるとよいでしょう。また、聴く前に保育者が曲についてお話をして興味を引いたり、子どもと聴いた後に感想を言ったり気持ちを絵に描くなどして振り返れば、より深く楽曲を味わい、聴いたときの自分の気持ちを客観的に認知することができます。保育者が歌ったり演奏をして聴かせることは、保育者自身の表現を子どもにダイレクトに伝える絶好の機会です。ぜひ、チャレンジしましょう。そのときは上手に演奏することばかりを気にするのではなく、伝えたい気持ちや曲のもつ雰囲気や歌詞を大切にして、正しいリズムや拍子、音程や美しい音（声）で歌ったり演奏するように心がけましょう。

② 声や歌唱による音楽表現の指導

歌唱と指導ポイント

　子どもの歌には楽しく歌える歌や遊びながら歌う遊び歌、季節の歌や生活や行事の歌など、子ども向けに簡易な歌詞と音楽で書かれた様々な歌があります。子どもにとって歌うことは、音楽的行動の中心であり、気持ちの解放でもあります。また、友達と一緒に歌えば協働する楽しさや喜びを得ることができます。保育者は様々な場面で皆で一緒に楽しく歌う機会をつくりましょう。さらに、歌詞からは言葉の意味を覚えたり、曲の背景をイメージすることができます。曲想をイメージしやすいように、歌詞の内容を絵やお話で伝えるなどして支援しましょう。また、季節の歌や行事の歌を歌うことは、日本の四季折々の事象や情景、行事を知ることにつながります。最近はリズムやメロディの動きが歌詞に先行したアップテンポの歌も多く見られますが、昔から歌われている童謡など、歌詞のイントネーションを大切に作曲されている歌は、日本語の美しさをとてもよく伝えています。ぜひ、このような歌を次世代に歌いつないで大切な文化を継承していきたいものです。

　指導する際には、保育者は子どもの状態や発達に合った曲を選択し、楽譜の内容を正しく

把握します。そして、歌への興味を促すために歌詞の内容に関連した絵本を読んだり、CD
であらかじめ曲を流しておくなどの導入をします。保育者はモデル唱をして聴かせ、子ども
は短いフレーズごとに模倣しながら歌って覚えます。発音や発声、音程やリズムなどに注意
しながら子どもの声をよく聴いて、何より子どもが楽しんで歌えるように支援します。曲想
は、歌詞や曲のイメージについて子どもと会話しながら表現していきましょう。注意すると
きに「大きな声で歌いましょう」と声かけをすると、かえって怒鳴り声で歌ってしまうこと
があります。「天使さんのようにきれいな声で歌いましょう」など、子どもがイメージしや
すい言葉をかけて、きれいな声で歌うように促します。また、伴奏をつけるときには音量や
速さに注意して演奏しましょう。

表5-1 子どもの歌の例

楽しい歌	「犬のおまわりさん」「アイアイ」「おもちゃのチャチャチャ」
遊び歌	「大きな栗の木の下で」「幸せなら手をたたこう」「グーチョキパー」
季節の歌	「ちょうちょう」「かたつむり」「どんぐりころころ」
生活や行事の歌	「おかえりのうた」「おべんとう」「たなばたさま」「お正月」
歌詞のイントネーションを大切にした歌	「ぞうさん」「かわいいかくれんぼ」「ことりのうた」

わらべうたと指導ポイント

　古くから子どもの歌として自然発生的に生まれた伝承遊び歌で、その多くは手や身体の動
き、簡単なルールを伴う遊び歌として代々伝えられてきました。特徴として日本語独特の言
葉のイントネーションやリズムをもとに少ない音の動きでできており、どの年齢でも歌いや
すくいろいろな人数で遊ぶことができます。お手玉、縄跳び、手合せ、鬼遊び、絵描き歌な
どがあります。また、わらべうたは他人との触れ合いの中で遊びながら歌われることも多い
ので、人間的な感情や関係を育むこともできます。日本の子どもの伝承文化として、ぜひ次
世代に伝えてほしいものです。歌うときには自分の歌いやすい声の高さで歌い、慣れてきた
ら少し高めにしてゆっくりと歌います。慣れ親しんだ声で同じ遊び方で繰り返し歌うとよい
でしょう。子どもと遊ぶときには、子どもの様子を見ながら一緒に楽しむ姿勢が大切です。

表5-2 わらべうたの例

「あんたがたどこさ」「だるまさん」「かごめかごめ」「なべなべそこぬけ」「おせんべやけたかな」「ひらいたひら いた」「げんこつやまのたぬきさん」「おちゃらか」「お寺のおしょうさん」

言葉の響きや声を使った表現

　この時期の子どもはまだ語彙が少なく、物事を言葉で説明したり理解する論理的思考は十
分に発達していませんが、オノマトペによるイメージ化は素晴らしいものがあります。日本
語の言葉はそれにふさわしい音をもっており、オノマトペは事象の様子や変化をうまく表し
ています。このオノマトペのもつイントネーションやリズム、表情などを感じて音楽表現に

発展させて遊ぶ活動は、子どもの豊かな表現や創造力を育むことにつながるでしょう。

また、ヴォイスパーカッションのように、様々な声を音と捉えて楽しむ遊びも子どもには簡単に親しめるものです。リズムにのせて皆でアンサンブルすれば、楽器がなくてもまるで合奏のように楽しむことができるでしょう。

◗ COLUMN　3歳児未満の音楽表現の世界

　3歳未満の子どもにとって音楽表現は自然な感情の表出を繰り返しながら、意図的な表現へと発展していく成長過程であり、身体や運動能力、言語や認知の発達とも関連が見られます。そして、音楽表現は生活や自然の中の音や音楽との関わりによって育まれていきます。

　生後半年にはものを握れるようになり、ガラガラなどの音の出る玩具やメリーの音楽を楽しみ、喃語でコミュニケーションを図ろうとする様子が見られます。伝い歩きができるようになり、腕や手先を意図的に動かせるようになると、いろいろな場所を叩いて出る音を楽しんだり、動かすと音の出る玩具に興味をもちます。オノマトペを繰り返し言って声や言葉の調子を楽しんだり、音楽を聴くと自然に身体を揺らしたり、好きな歌に合わせてアーアーと歌う子どももいます。歩けるようになって自由に手や指先が使えるようになると、楽器に興味をもってリズムや音色を楽しんだりします。また、声のコントロールが徐々にできるようになると、歌の一部を歌うようになり、作り歌を歌ったり大人と一緒に歌うことを喜ぶ様子が見られます。

　このように、3歳未満の子どもの音楽表現は音や声を感覚的に感じて感情を声や身体で表現する時期から、音の出る玩具や道具を操作して出る音やいろいろな声を出して楽しむ時期を経て、音や歌を模倣したり創作して自ら意図的な音楽表現をするようになり、次の段階である音楽要素を理解した表現へとつながっていきます。正しい歌唱方法や楽器の奏法を指導する以前に、保育者は発達段階や実態に合った音楽遊びを保育に取り入れて、子どもの音楽性を刺激して、豊かな音楽体験を積み重ねていくことが大切でしょう。それには保育者自身が共感して楽しむこと、音や音楽を十分に味わえる音環境を整えることが大切です。

図 5-1　グロッケンでいろいろな音を楽しむ（2歳児）

表 5-3　3歳未満の音楽表現遊びの例

0歳	保育者は子どもを膝の上に抱きかかえて座り、保育者の歌や音楽に合わせて子どもの身体を揺らしたり、リズムに合わせて子どもの手を持って手合わせして音楽を楽しむ。
1歳	エッグマスカラを両手に持ち、簡易な子どもの歌に合わせて両手を合わせたり振ったりして、出てくる音の違いを楽しむ。
2歳	保育者が音楽を演奏しているときには歩いたり自由に踊ったりして、演奏がやんだら自分も身体の動きを止めるルールで遊び、聴覚の集中力を高める。

オノマトペを作って歌おう

声を使った音楽表現遊びの実践例として、オノマトペを使った歌唱表現活動をしましょう。ここでは散歩中に聴こえた音（サウンドスケープ：音の風景）からオノマトペを考えて、「カエルの合唱」の替え歌にして歌います。聴く力や創造力も養うことのできる内容です。自分で実践して、図5-2と5-3の空欄を考えてみましょう。

用語解説

サウンドスケープ

マリー・シェーファーが提唱した音に対する考え方。音を積極的に聴くことで音の風景と捉え、聴く耳を育てる。

① 聴こえた音を集めてメモする

聴こえる音は時間や場所によって違います。あらかじめ音を聴く場所を決めておくと音を集めやすいでしょう。また、自然界の音、人工的な音など、聴き取る音の種類を決めておくと、集中して聴きやすくなります。

音のメモ用紙（図5-2）を持って行き、①音の発生源、②音を聴いたときの気持ち、③聴こえた音の様子、をメモしましょう。

② 聴こえた音からオノマトペを作る

集めてきた音から、④オノマトペ、を考えます（ダダンダダン〈電車の音〉、ドゥルドゥル〈ヘリコプターの音〉など）。そのとき、電車の音はガッタンガッタン、犬はワンワンなどの固定概念に捉われることなく、自分で聴こえたままを素直に表現しましょう。

図5-2 音のメモ用紙（例）

① 音の発生源	② 音を聴いたときの気持ち	③ 聴こえた音の様子	④ オノマトペ
・ヘリコプター	・とてもうるさい	・だんだん近づいてきて遠くに離れて行った	・ドゥルドゥルドゥルドゥル
・	・	・	・

③ 作ったオノマトペを替え歌にする

子どもになじみのある「カエルの合唱」のメロディにのせて、歌詞を替えて歌います。1〜2小節に音の発生源、3〜4小節に音を聞いたときの気持ち、5〜8小節にオノマトペの言葉を入れて歌います（図5-3）。曲想は③聴こえた音の様子、をもとにして考えます。こ

こでは、ヘリコプターの音がだんだん近づいてきてけたたましく響き、離れていく音の変化の様子をクレッシェンドとフォルテシモ、ディミヌエンドで表現しました（譜例5-1）。

図5-3 替え歌の歌詞を当てはめる方法

1〜2小節	3〜4小節	5〜8小節
① 音の発生源	② 音を聴いたときの気持ち	④ オノマトペ
・ヘリコプター	・とてもうるさい	・ドゥルドゥルドゥルドゥル
・	・	・

譜例5-1 「カエルの合唱」のメロディでオノマトペを歌う

また、活動の発展形として、歌いながらオノマトペを身体の動きを使って表現したり、オノマトペのリズムを絵や線描きなどで表現します。音楽以外の分野にも関わりながら総合的に表現を深めていけば、より豊かな表現力や創造力を育むことにつながるでしょう。

このようにいろいろな場所で音を聴いて集め、オノマトペを作って替え歌にして発表する活動は、環境や言葉、人間関係や健康などの他の領域にも関連している総合的な表現遊びといえます。また、子どもが自分の得意な分野に気づき、自信をもって表現することを楽しむことができる活動です。音に気づくことが得意な子ども、オノマトペを考えることが得意な子ども、メロディにのせて歌うのが得意な子ども、身体で表現するのが得意な子ども、絵で表現するのが得意な子どもなど、保育者はそれぞれの子どもの得意な部分に共感して認めてあげると、ますます表現することの楽しさを感じることができるでしょう。

STEP 3 ★★★ 保育の現場でやってみよう
オノマトペを作って歌おう

　ここでは STEP2 で行ったように、聴こえた音からオノマトペを作り、「カエルの合唱」の替え歌にして発表する活動の部分実習指導案を作成します。日頃からオノマトペの言葉を使ったリズム遊びなどをしておくとよいでしょう。以下の指導ポイントを参考に、指導案内の太字にした 〈　〉 の部分を考えましょう。対象は、年長児 4 人のグループ活動とします。

① 聴こえた音を集めるときの指導ポイント

　あらかじめ項目が書いてあるメモ用の画用紙（図 5-4 ①②③）と筆記用具を持ち、グループで園内を自由に探検して聴こえる音を書きとめます。保育者は音を聴き取りやすい場所（水場や大きな木の下など）を下見しておいて、子どもが音探しに困ったときにはヒントを出してあげましょう。メモ用紙に書くことが難しい場合には、絵や線描きでもよいでしょう。また、園内探検に行く前には音を集めたらすぐにクラスに戻ること、他の人の迷惑になる行動をしないこと、グループで仲よく行動することを約束しましょう。

図 5-4　聴こえた音を書くメモ用の画用紙

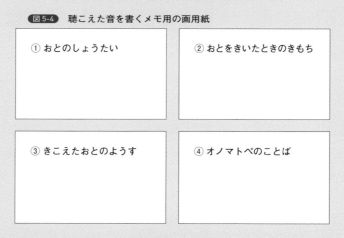

① おとのしょうたい	② おとをきいたときのきもち
③ きこえたおとのようす	④ オノマトペのことば

② 聴こえた音からオノマトペを考えるときの指導ポイント

　音集めから帰ってきたら、発生源の音からオノマトペを考えます。うまくオノマトペを作れないグループには、会話しながら支援しましょう。そこでは子どもとのコミュニケーションや質問の方法が大切になってきます。保育者が「どんな音がしたの？」と尋ねて、「大きな音がした」のように返答が返ってきたときに、「大きな音だったのね。どんなふうに大きな音だったのかな？ドドーンかな？それともドカーンかな？」のように、オノマトペを誘導するように問いかけてみるとよいでしょう。「その音を聴いたときに、みんなはどんな気持

ちがしたのかな？」というように、その音を聴いたときの気持ちや音の様子も会話の中から
導きだしてあげましょう。

③ 「カエルの合唱」の替え歌を作って発表するときの指導ポイント

　最初に保育者が自作のオノマトペを紙に書いたものを見せて説明し（図5-5）、替え歌を
歌ってモデルを示してから、グループで替え歌を作ります。1〜2小節に音の発生源、3〜
4小節に音を聴いたときの気持ち、5〜8小節にオノマトペの言葉を入れて歌います。曲想
は③聴こえた音の様子、をもとにして考えます（譜例5-1参照）。うまくできないグループ
には会話しながら支援しましょう。グループ発表では、まず始めに保育者とグループで「音
の正体は何ですか？」「ヘリコプターです」などと一問一答してから替え歌を発表します。
　そのとき、保育者はクラス全体に分かるように答えを黒板などに図示します。
　グループ発表の後は、その替え歌をクラス皆で一緒に歌います。保育者は発表について、「面
白い音を発見したね」「聴こえた音の様子がよく分かるオノマトペでしたね」など具体的に
感想を言って褒めると、子どもは表現する楽しさや達成感を味わうことができるでしょう。

図5-5　紙に書いたモデルの例

① おとのしょうたい	② おとをきいたときのきもち
ヘリコプター	とてもうるさい

③ きこえたおとのようす	④ オノマトペのことば
だんだん大きくなって、だんだん小さくなった	ドゥルドゥルドゥルドゥル

④ 発展形を考えるときの指導のポイント

　オノマトペの言葉を絵や線描きで表したり、身体の動きで表すなどの他の表現方法を考え
ます。ここでは身体の動きを考えて、歌と一緒に発表します。子どもが自由に発想をできる
ように、どのような考えにも共感して支援しましょう。

部分実習指導案：

オノマトペを作って歌おう

実施日 11 月 15 日 火 曜日

対象児 5 〜 6 歳児 16 名（男 8 名／女 8 名）

【主な活動内容】 グループで聴こえた音からオノマトペを作り、「カエルの合唱」の替え歌
にして発表する。

【子どもの実態把握】	【部分実習のねらい】
・オノマトペの言葉のリズム遊びをして いる。 ・「カエルの合唱」の歌を知っている。 ・グループ活動に慣れてきた。	・自然や生活の中の音に気づき、オノマトペで表現する。 ・替え歌を作って楽曲に合わせて歌う。 ・グループで協力する。

時間	環境構成	予想される子どもの活動	保育者（実習生）の援助・配慮点
導入 0:00	・教室でグループごと（4人×4組）に着席	○活動について話を聞く ・自分の席に座る。 ・保育者の話を静かに聴く。 ・自分のグループを確認する。	○オノマトペ遊びの概要を伝える ・グループで園内を探検し、聴こえた音からオノマトペを作り、「カエルの合唱」の替え歌にして発表することを伝える。
展開 0:05	・グループ活動（4人×4グループで活動する） ・園内探検	◎オノマトペ作り ○音集めに行く（園内探検） ・探検時の約束をする。 ・グループで自由に園内探検して音を集める。 ・音源や音の様子、聴いたときの気持ちをメモ画用紙に書く。	◎オノマトペ作り ○音集めに行く ・園内探検時の約束を伝える。 ・メモ用画用紙を配る。 ・巡回して、必要があれば支援する。 **＜どのような音が聴こえたか考えましょう＞**
	・グループごとに着席	○聴こえた音からオノマトペを考える ・クラスに戻る。 ・うまく作れないグループもある。	○聴こえた音からオノマトペを考える ・うまく作れないグループを支援する。 **＜うまく作れないグループにどのように支援したらよいか考えましょう＞**
		○「カエルの合唱」の替え歌を作る	○「カエルの合唱」の替え歌を作る

		・保育者のモデル唱を聴いてイメージする。	・紙に書いた例を見せながら歌ってモデルを示し、グループで作るように言う。
		・替え歌を作る。	・1〜2小節に音の発生源、3〜4小節に音を聞いたときの気持ち、5〜8小節にオノマトペの言葉を入れて作るように言う。
		・曲想を考える。	・「聴こえた音の様子」から曲想を考えるように言う。
		・うまく作れないグループもある。	・うまく作れないグループを支援する。
	・前に出て発表	〇グループごとに替え歌を発表する	〇グループごとに替え歌を発表する
		・グループは前に出て保育者の問いに答える。	・一問一答して黒板にメモの内容を書く。
		・替え歌を歌う。	・「面白いオノマトペを考えたのね」など、具体的に感想を言う。
		・他グループの発表を聴く。	
		・みんなで一緒に真似する。	・みんなでグループ発表を真似して歌うように言う。
	・グループごとに着席	〇オノマトペの部分に動きをつける	〇オノマトペの部分に動きをつける
		・オノマトペの部分に合った動きを考える。	・オノマトペの部分に自由に動きをつけるように言う。 **くいろいろな発展形を考えましょう＞**
	・前に出て発表	〇身体の動きをつけて替え歌を発表する	〇身体の動きをつけて替え歌を発表する
		・グループで順に前に出て発表する。	
		・みんなで一緒に真似する。	・「とても面白い動きでしたね」など、具体的に感想を言う。
まとめ 0:45	・グループごとに着席	〇振り返り	〇振り返り
		・自分のグループや友達の発表について口々に感想を言う。	・「面白いオノマトペがたくさんできましたね」と言って、活動を振り返る。

[参考文献]
今泉明美・有村さやか（編著）『子どものための音楽表現技術：感性と実践力豊かな保育者へ』萌文書林 ,2018
文部科学省「平成 29 年公示　幼稚園教育要領」2018
加藤あや子・日笠みどり 2008「幼児期の音楽基礎教育方法に関する覚書―歌の指導という視点から」『Educare』29,2009, p.1-16
渋谷伝『幼児期の音楽と表現』音楽之友社 ,1982
武藤隆（監修）・浜口順子（編者代表）『事例で学ぶ保育内容　領域表現』萌文書林 ,2007
榎沢良彦（編著）『保育内容・表現』同文書院 ,2008
神原雅之・鈴木恵津子（編著）『幼児のための音楽教育：幼稚園教諭・保育士養成課程』教育芸術社 ,2014

音で楽しむ音楽表現

楽器を使った音楽表現

第5章では音楽表現の基盤となる「聴く」ことについて理解し、歌唱や声による音楽表現とその指導について学びました。この章では、楽器や様々な音による音楽表現とその指導について学びましょう。

　一般的に音楽を奏でるために音をだす道具を楽器といい、保育現場では簡易打楽器や音板打楽器、鍵盤ハーモニカなどの楽器を使った音楽表現が盛んに行われています。

　多くの子どもは乳児の頃からガラガラやオルゴールメリーなど身近にある音の出るものに親しみ、様々な音響機器から流れる楽器の音を聴いて成長します。身体の発達とともに、玩具の楽器を鳴らして楽しんだり、身近なものを叩いたりして音やリズムを楽しむようになります。幼稚園や保育所に入ると楽器を演奏する機会も増えて、いろいろな音楽表現を経験していきます。そして、友達と一緒に演奏したり発表したりすることを通じて、より豊かな音楽表現や達成感を味わう経験をします。ぜひ、楽器を使った音楽遊びを保育現場でも上手に取り入れていきましょう。また、日本人は昔から風の音や虫の声などの自然の音に趣を感じ、季節や情緒を感じて様々な方法で表現してきました。これらの自然の中の音や、生活の中の音も音楽表現の1つとして扱うことで、子どものより豊かな感性を育み、表現の幅が広がると考えられます。幼稚園教育要領の表現（内容の取扱い）でも、自然の中にある音に気づくこと、様々な素材や表現の仕方に親しむことなどが盛り込まれています。保育現場では音楽を奏でるための楽器だけでなく、様々な素材や道具を使って創られる音や自然界、生活の中の音も表現の1つとして考えてみましょう。

① 楽器を使った音楽表現の指導

楽曲の中で扱う場合の指導ポイント

　保育現場では簡易打楽器や音板打楽器などが歌のリズム伴奏や合奏用の楽曲の中でよく用いられています。知っている歌とアンサンブルすればより豊かな表現を楽しむことができ、友達と一緒に合奏すれば協働して楽曲を作りあげる一体感や達成感を感じることができます。

　これらの楽器は簡単に扱える一方で、演奏する際にはリズムや拍子についての理解や音感が必要になってきます。また、手や指などの運動能力の発達とも関連してきます。楽曲の中

で楽器が扱えるようになるまでに、歌ったり音楽に合わせて身体を動かしたりして、音感やリズム感などを十分に培っておくことが大切です。日頃から保育の中で歌ったり、拍子やリズムを用いた音楽遊びを取り入れておくとよいでしょう。

　また、合奏の指導では演奏の完成度を求めてしまい、子どもが表現する喜びや楽しむことが後回しになってしまうことがあります。あくまでも音楽を表現することを楽しめるように、プロセスを大切にして指導していきましょう。それには子どもの発達や興味に合った楽曲を選曲し、個々の能力に合った楽器を選び、子ども自身が達成感や表現の楽しさを感じられるように順序立てて指導することが大切です。時には子どもの能力に応じて演奏内容をアレンジすることも必要になってくるでしょう。そして、保育者自身が楽曲をよく理解し、楽器の扱いや奏法を熟知しておくことが大切です[1]。子どもが、上手に演奏できるようになりたい、皆で演奏することが楽しいという気持ちをもてるように指導していきましょう。

　図 6-1 に、保育現場でよく使われる簡易楽器を示します。音や音楽素材の Web サイトなどを利用して、実際の音色を聴いて確認しましょう。

図 6-1　保育現場でよく使う楽器

打楽器（音程のないもの）

タンブリン　　鈴　　カスタネット　　トライアングル　　ウッドブロック

木魚　　シンバル　　カウベル　　クラベス　　ギロ

マラカス　　スネアドラム　　バスドラム　　ボンゴ　　コンガ

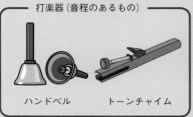

打楽器（音程のあるもの）

ハンドベル　　トーンチャイム

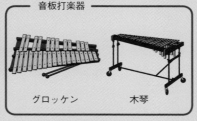

音板打楽器

グロッケン　　木琴

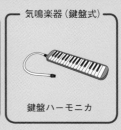

気鳴楽器（鍵盤式）

鍵盤ハーモニカ

　楽曲の理解が十分できなくても、楽器の音色そのものを様々な方法で楽しむことができます。たとえば、お話や絵本の中で効果音として扱えば、お話のイメージが広がってより楽しさを感じられるでしょう。拍子やリズムに縛られずに自由に楽器の音色を楽しみ、イメージを膨らませて表現することは、子どもの表現力や創造力を育みます。それには日頃からいろいろな楽器に触れて楽器の音や特性を知っておくと、イメージにつなげやすいでしょう。

　また、楽器で言葉のリズムを表現する遊びは年少児でも簡単に楽しむことができ、リズム感を養うことができます。ぜひ、簡易打楽器を用いて知っている言葉を叩いてみましょう。

　繰り返して叩いたり、違う言葉のリズムを何人かで合わせれば、言葉のリズムのアンサンブルができます。図 6-2 に、効果音として使用すると面白い音色が出る楽器を示します。音や音楽素材の Web サイトなどを利用して、実際の音色を聴いて確認しましょう。

図 6-2　効果音として使用される楽器

アゴゴベル　　　　ビブラスラップ　　　サンダードラム　　クラビティチューブ　　シードラム

② 楽器以外の様々な素材から出る音を使った表現

　身近にある様々な素材は、こすったり、ぶつけ合うなど、何らかの動作を加えると素材独自の音を発生します。様々な素材や表現の仕方に親しむことは、素材による音色の違いの発見や表現方法の創意工夫につながり、より豊かな感性や表現力、創造力を育みます。保育者はぜひ、自然や生活の中の様々な素材を使って音色を楽しむことができる環境を用意しましょう。図 6-3 にその例を示します。自分で作って音色を確かめてみましょう。

　また、身体の各部分を打楽器に見立てて音を出すボディパーカッションは、楽器がなくても手軽に楽しむことができます。身体の部位によって出る音色の違いを楽しみましょう。

　このように、身近にある素材や身体を楽器としてアンサンブルしたり、お話の効果音として表現すれば、子どもは音楽表現をより身近なものとして感じることができるでしょう。

図 6-3　身近にある音の出るもの

小石や貝殻のマラカス　水の入ったペットボトル　新聞紙を丸めたもの　空き缶とラップの芯　ザルと泡立て器

STEP 2 ★★☆ 自分でやってみよう
いろいろな音で表現する

　ここではいろいろな楽器や身近にある音の出るもの、ボディパーカッションなどを使った音楽遊びを自分で実践してみます。拍子やリズムを感じる遊び、歌の曲との合奏、自作のお話に効果音を創作する遊びを実践してみましょう。

① 拍子やリズムを感じる遊び

　言葉のリズムを使って拍子の感覚を身につけます。できるようになったら、4分の2拍子や4分の4拍子でも応用して行いましょう。

①次の4分の3拍子のリズムを言葉で言いながら叩いてみましょう。座って行います（譜例 6-1）。

［譜例 6-1］　リズム遊び（トンパッパッ）

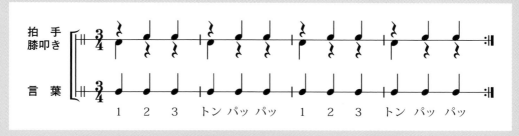

②「トン・パッ・パッ」の言葉を3文字の言葉に入れ替えて言いながら叩きましょう。
　　＜例＞ 1・2・3、す・い・か、1・2・3、メ・ロ・ン、

③次に、「トン・パッ・パッ」の言葉を5文字の言葉に入れ替えて言いながら叩きましょう。言葉のリズムは次のように変わりますが、拍手と膝叩きのリズムは変わりません（譜例6-2）。
　　＜例＞ 1・2・3、ナポ・リタ・ン、1・2・3、エビ・フラ・イ、

譜例 6-2　リズム遊び（ナポリタン）

④さらに、「トン・パッ・パッ」の言葉を違う種類の 5 文字の言葉に入れ替えて言いながら叩きましょう。言葉のリズムは次のように変わりますが、拍手と膝叩きのリズムは変わりません（譜例 6-3）。

　　＜例＞ 1・2・3、ウー・ロン・ちゃ、1・2・3、ヨー・グル・ト、

譜例 6-3　リズム遊び（ウーロンちゃ）

⑤うまくできたら、今度は膝叩きを左足、拍手を右足の足踏みに変えてやってみましょう。言葉のリズムは、拍手やカスタネット、鈴などの打楽器で叩いてみましょう。2 人組になり、1・2・3 の言葉の小節を担当する人と、食べ物の言葉の小節を担当する人に分かれて行うとアンサンブルができます。できるようになったら、4 分の 3 拍子の歌に合わせて、アンサンブルしてみましょう。

② 歌唱曲との合奏

　「お正月」の歌に合わせてリズムパートを合奏します。始めに言葉のリズムを言いながら拍手で練習をします。できるようになったら、ボディパーカッションや楽器でもやってみましょう（譜例 6-4）。

譜例 6-4 「お正月」リズムパート譜（ボディパーカッション、楽器）

※それぞれのパートは3回繰り返す

①それぞれのリズムパートを練習してできるようになったら、「お正月」の歌に合わせてボディパーカッションを使って叩いてみましょう（譜例6-5）。友達と一緒に合奏すれば、それぞれの音色の違いやハーモニーを味わうことができます。

②うまく歌に合せられるようになったら、強弱記号などの曲想をつけて、お正月を待ち望むワクワクする気持ちを表現しましょう。リズムを叩くときに歯切れよく叩くと、ワクワクする気持ちを表現できます。

③発展形として、「お正月」の歌の最初の4小節を「拍手のリズムパート」、次の4小節を「膝叩きのリズムパート」、最後の4小節を「お腹のリズムパート」にして演奏し、最初から最後まで「両足踏みのリズムパート」と合わせてみると面白いでしょう。「お正月」を歌いながら挑戦してみましょう。

③ お話の効果音を創作する

　ここでは楽器や身近にある音の出るものを効果音として利用して、お話をよりイメージ豊かに表現します。お話は自分で作ってみましょう。次の順番で作業を進めていきます。

①ストーリーを考える。
②音を入れると効果的な場面で、楽器や身近なものを使ってどのように表現するか考える。
③音を入れる間合いや音色の出し方を工夫して作品を完成させる。

　表 6-1 に効果音を楽器と身近にある音の出るもので表現した場合を示します。音を鳴らすタイミングや強弱、速さなどを考えて、イメージを表現できるように工夫しましょう。

表6-1　草原

| ストーリー（台詞） | 使用するもの（楽器） | 演奏方法（楽器） |
	使用するもの（身近にあるもの）	演奏方法（身近にあるもの）
① 草原が広がっています。風が吹いて、何ていい気持ちでしょう。	シードラム	ゆっくり傾ける。繰り返す。
	笹の葉を束ねたもの	強弱をつけて揺する。間隔を開けながら繰り返す。
② 草の陰では小さな動物が何やら動き回っています。	マラカス	小さく小刻みに鳴らす。間隔を開けながら繰り返す。
	小瓶にビーズを入れて蓋をしたもの	小さく小刻みに鳴らす。間隔を開けながら繰り返す。
③ あ、向こうから馬が元気に走ってきました！	ボンゴ	「パカッパカッパカッ」とクレッシェンドしながら左右交互に叩く。
	空のプリンカップ2個	机の上でカップを伏せて「パカッパカッパカッ」とクレッシェンドしながら左右交互に叩く。
④ 遠くの方で何やら足音が聞こえます。いったい誰の足音でしょう？	バスドラム（大太鼓）	「ドン・ドン」と撥で静かにゆっくり叩く。
	木の床	「ドン・ドン」とかかとで静かに間隔を開けて蹴る。
⑤ 何とゾウの家族です。草原にはいろいろな動物がいますね。		

STEP 3 ★★★ 保育の現場でやってみよう
「お正月」楽器遊び①②

　ここでは、STEP2で実践した「お正月」を題材にした合奏の部分実習指導案を2つ作成します（譜例6-4、6-5参照）。太字の〈　〉の部分は自分で考えてみましょう。

　合奏で扱うリズムの練習や使用する曲の歌唱を十分に行ってから合奏に入ります。また、合奏では子どもの能力や楽器の音色の特性を考慮して配分を考えることが大切です。トライアングルなど響きの長い楽器はゆったりしたリズムパートを担当し、人数も少なめに配分します。カスタネットや鈴など響きの短い楽器は細かいリズムを打つときれいです。人数は少し多めでもよいでしょう。

　合奏では全ての楽器が我先に音を出すとうるさくなってしまい、美しいハーモニーを奏でることができません。保育者は演奏をよく聴いて美しいハーモニーになるように、音のバランスやリズムに留意して指導しましょう。特に、人数が増えるとリズムがそろわなくなるので注意しましょう。

部分実習指導案：

「お正月」楽器遊び ① (ボディパーカッションを使って)

実施日　12 月　20 日　火　曜日
対象児 4 ～ 5 歳児　16 名（男　8 名／女　8 名）

【主な活動内容】　・いろいろな言葉のリズムをボディパーカッションで表現して「お正月」
　　　　　　　　　　の歌と合奏する。

【子どもの実態把握】

・お正月の行事を楽しみにして、お正月
　の歌を毎日歌っている。

【部分実習のねらい】

・言葉のリズムに気づき、いろいろな
　リズムに親しむ。
・歌との合奏を楽しむ。

時 間	環境構成	予想される子どもの活動	保育者（実習生）の援助・配慮点
導入 0:00	・グループご と（4人×4 組）にまと まって椅子 に着席す る（机は片付け る）	○活動について話を 聞く ・自分の席に座る。 ・「おもしろい！」と 口々に言って真似 る。 ・自分で考えた言葉 を各自で手で叩く。	○「言葉のリズム遊び」の概要を伝える ・「今日はいろいろな言葉を手で叩いてみ ます」と言って、パイナップル、アイ スクリームなどの言葉を言いながら、 手で叩いて見せる。 **＜いろいろな言葉のリズムを考えて叩き ましょう＞** ・「みんなも自分で考えた言葉を手で叩い てごらん」と言って、各自でやってみ るように促す。
展開 0:05	・黒板	◎お正月に関連した 言葉のリズムを叩 く ○言葉のリズムを手 で叩く ・「おもち」「おぞう に」など、口々に 言う。 ・「おとしだま」「た こあげ」など、口々 に言う。	◎お正月に関連した言葉のリズムを叩く ○言葉のリズムを手で叩く ・「もうすぐお正月だけど、お正月には何 を食べますか」と問いかけて、子ども から出た言葉を黒板に絵で描く。 ・「お正月の楽しみは何ですか」と問いか けて、子どもから出た言葉を黒板に絵 で描く。 ・「みんなが考えた言葉を言いながら手で 叩いてみましょう」と言って、言葉の リズム（譜例 6-4：おもち・おとしだま・ たーこあげ・おぞうに）を手で叩いて 模範を見せる。

		・保育者を真似て叩く。	・「みんなで真似してみましょう」と言って保育者→子どもの順に言いながら、手でリズム打ちを繰り返す。
		○いろいろなボディパーカッション	○いろいろなボディパーカッション ・「今の言葉を身体のいろいろな場所で叩いてみましょう。どんな音がするかしら」と言って、身体（譜例6-4：おもち＝両足で床を踏み鳴らす、おとしだま＝拍手、たーこあげ＝膝叩き、おぞうに＝おなか）を叩いて模範を見せる。 ・「グループで言葉のボディパーカッションを考えましょう」と言う。
		・ボディパーカッションをグループごとに考える。	・おもち、おとしだま、たこあげ、おぞうにの4つの言葉のグループに分ける。 **＜いろいろなボディパーカッションを考えましょう＞**
		○リズム合奏	○リズム合奏 ・グループ別にそれぞれの担当するリズムをボディパーカッションで叩いて、歌と合奏することを伝える。
		・グループごとに練習する。	・グループごとに練習するように言う。そのとき、言葉を言いながらボディを叩くように促す。
		・全員で合わせる。	・それぞれのリズムを一緒に合わせて合奏する。
	音楽：「お正月」 ・ピアノ	◎「お正月」の歌とボディパーカッションの合奏	◎「お正月」の歌とボディパーカッションの合奏
		○「お正月」を歌いながらボディパーカッションでリズム打ち	○「お正月」を歌いながらボディパーカッションでリズム打ち ・みんなで歌いながら合奏することを伝える。
		・歌いながらリズムを打つのが難しい子どももいる。	・歌とリズムが合っているかよく聴いて、リズム打ちが難しい子どもには個別に指導する。
		・保育者の演奏に合わせて合奏する。	・保育者はピアノを弾きながら歌う。
		・他のリズムパートも練習する。	・他のグループのリズムパートも練習するように言う。 ・他のグループのリズムパートでも合奏する。
まとめ 0:25 0:30		○振り返り ・感想を口々に言う。	○振り返り ・「楽しかったですか？」と聞き活動を振り返り、今度は今日のリズムを楽器で行うことを伝えて次回への期待を促す。

部分実習指導案：

「お正月」楽器遊び②（楽器を使って）

実施日　12 月 21 日　水　曜日

対象児 4 ～ 5 歳児　16 名（男　8 名／女　8 名）

【主な活動内容】

・いろいろな言葉のリズムを楽器で表現して「お正月」の歌と合奏する。

【子どもの実態把握】	【部分実習のねらい】
・以前、言葉のリズムをボディパーカッションで表現して、「お正月」の歌に合わせて合奏した。	・いろいろな楽器でリズムを演奏する。 ・合奏を楽しむ。

時間	環境構成	予想される子どもの活動	保育者（実習生）の援助・配慮点
導入 0:00	・グループごと（4人×4組）にまとまって着席する（机は片付ける）	・保育者の話を聞く。	・今日は、昨日合奏したボディパーカッションを楽器で行うことを伝える。（譜例 6-4：リズムパート／おもち：タンブリン、おとしだま：カスタネット、たーこあげ：鈴、おぞうに：トライアングル）
展開 0:05		◎「お正月」の歌と楽器で合奏する ○リズムパートの練習	◎「お正月」の歌と楽器で合奏する ○リズムパートの練習 ・4つのグループで担当するリズムパートを決める。 ・後でパートを交替して行うことを伝える。
		・音を出さないように注意して楽器をもらう。	・楽器は先生がよいと言うまで音を出さない約束をしてから配布する。 **＜楽器を配布するときにどのような工夫をしますか＞**
		・グループで練習する。 ○グループ発表（歌との合奏）	・グループを巡回して奏法やリズムを指導する。 ○グループ発表（歌との合奏）
		・グループごとに発表する。	・グループごとに発表する（他のグループは歌う）。

		○全員で合奏	○全員で合奏
		・歌いながら、担当のリズムパートを楽器で演奏する。	・全員で歌いながら担当リズムを楽器で演奏するように言う。
		・曲想をつけて表現する。	・保育者はピアノで伴奏をつける。 ・強弱などの曲想をつけて表現するように言う。 **＜合奏ではどんなことに注意して指導しますか＞** ・リズムパート（楽器）を交替して行う。
		・他のリズムパート（楽器）でも行う。	
		・楽器を片付ける。	・楽器を片付けるように言う。
まとめ 0:35 0:40		○振り返り ・感想を口々に言う。	○振り返り ・「楽しかったですか」と聞き活動を振り返り、また、他の曲でも行うことを伝えて次回への期待を促す。

〔引用文献〕
1）今泉明美・有村さやか（編著）『子どものための音楽表現技術』萌文書林，2018，pp.113～121

MEMO

....

....

....

....

....

....

....

....

子どもの造形表現を学ぶ
～幼児の思いのふくらみと視覚世界～

1 子どもにとっての造形表現とは

　現在では、造形表現あるいは造形という言葉が保育の場で広く用いられるようになりました。図画と工作の意味をあわせもつことから実技になじむ名称で、文字どおり目と手を用いて「形あるものを作ること」を意味します。描いたり作ったりしながら、子どもが主体的に形や色を工夫し、様々な材質の材料を使って自分らしい表現をすることが期待されます。

　社会を見渡すと、人が生みだす造形物には様々なものがあることに気づきます。それは単に美術品ばかりでなく、服や食器、建築などおよそ目にするものはどれもが人類の歴史の中で生活をより快適に美しくしていこうと、人が工夫して作りあげてきた産物といえるのです。

　子どもにとっての造形表現とは、言葉だけでは伝えることができない思いや願いを色や形、素材を通して、各自が試行錯誤する中で私たちに訴えかけているものなのです。五感の中でも視覚から受ける情報は特に多いと考えられます。子どもの「描く」という行為の最初は、ものを見ることに始まります。見たものを自分の脳で認識して、それが同じものか違う形なのかの区別をします。その後、脳から肩や腕、そして手から指へと描く画面へとつながっていきます。最初は具体的なものを描こうとしていなかった小さな子どもも幼児期へと成長していく過程で次第に何かを描こうという思いに変化していきます。目で見たものといったん記憶したもの、触れたもの、皮膚で感じたものなどが総合されて描く行動につながります。

　ある研究事例を紹介します。描くことに関わるイメージの力において、3歳児とチンパンジーとで基本的に大きな違いが発見されたというものです。パーツのない顔の絵に、チンパンジーは描線を細かくコントロールできたのですが、顔のパーツが足りないのを補うことはできませんでした。一方、人は2～3歳ぐらいになると、今ここになくても足りないものを意識して補うことができるようなのです。今ここにないものを想像するという想像力に関わる認知の特性が、すでに幼児期に備わり始めていることが裏づけられた調査研究です。

　芸術家ピカソは、このような言葉を残しています。「子どものように描けるのに一生涯かかった」と。ピカソが感じたように、まさに幼児期は豊かな想像力を発揮できる貴重な時代と考えて間違いはないでしょう。造形活動を経て培われる力は、幼児期から児童期にかけての感性に大きく関わります。造形活動を通して様々な素材に触れ、自由な発想で表現を発展させていく行為は、そのまま周囲の世界を感性豊かに獲得する経験となります。新しい小学校学習指導要領の図画工作科や生活科において幼児期の活動との連携に言及されています。子どもの成長過程の中で造形活動が重視されていることに他なりません。

保育の場で行われる実際の活動は、5領域（健康、人間関係、環境、言葉、表現）ごとにそれぞれ内容を取りだして実施するのではなく、他領域とも関連し合って、園での生活全体を通じて行われるものです。子どもにとっての造形表現は、単に表現領域だけでなく、他領域と密接に連携される中で、目指し醸成されていくと考えられます。保育者は保育の場で主体的な「遊び」を中心に計画的に保育を進めながら、幼児の生涯にわたる学びの基礎づくりを担っているのです。

2 子どもを取り巻く現状

《1》 生活環境

日常、子どもは保護者をはじめとした大人からの庇護のもと、大人の意向に従って生活をしています。これまで保育や家庭の養育で共通していたのは、大人側の「こうさせたい」とする気持ちや都合が優先してしまい子どもの気持ちを十分に受け止めていないことでした。

自分の思いをしっかりと受け止めてもらえていない子どもは、自分の存在が認められていないように感じたり何かしら不安を抱えていたりします。意欲的に外界に関わり、自分が自分らしく自信をもって元気よく生活していくことができるように、育ちを導いていくことが肝要です。大人の言うがままになったり、あるいは周囲に無関心で自分勝手になったりと、自己肯定感の乏しさにつながることのないよう信頼関係を構築しながら育ちを支えていく姿勢が大人には求められます。

園での生活を子どもの主体性を尊重した活動に近づけていくよう、保育計画や題材設定を考えていきたいものです。子どもにとって、園での1日は大まかに見通しがもて、自分の気持ちが素直に表出できるような雰囲気や生活リズムであることが望ましいでしょう。

《2》 自然環境

子どもを取り巻く現状の中で身の回りの自然環境という点から考えると、空間としての園庭スペースの位置づけは重要です。3つの間（時間、空間、仲間）が子どもの生活の場から奪われたといわれて久しいですが、実際都市化の影響で、原っぱで遊ぶ機会が少なくなりました。のびのびと子どもたちが動き回れる場所、起伏のある場所、木や草や花が植えられていて小動物も見ることのできる場所の存在は大切です。わざわざ雑草園を設置している小学校もありますが自然本来のうるおい、豊かさを体験できる場を子どもたちに提供していくことが、今日求められていると思われます。あわせて子どもの造形へのきっかけづくりにつないでいくことが可能となると考えられます。

★☆☆ 基礎理論
絵の世界

① 絵の歴史

　幼児は好んで絵を描きます。そもそも人はいつ頃から絵を描くようになったのでしょうか。世界各地には、人々が描いてきた古い壁画や絵が残っています。年代は現在の技術ではまだ正確に測定することは難しいですが、たとえばフランスのラスコー洞窟壁画は約1万7千年前、スペインのアルタミラ洞窟壁画は1万8千年前とされています。オーストラリアや南アフリカにはさらにもっと古い壁画もあり、古くから描くことがされていたようです。いわゆる旧石器時代には、世界各地で絵が描かれていたわけで、描く心と技術をもった人の活動がすでに始まっていたことを表します。

　昔の人はいったい何を描いていたのでしょうか。文字を獲得するより前、人は何か強い思いや願いを記憶しておくために、絵や記号を洞穴に描き刻んでいたと考えられます。幼児の描く絵画も伝えたい思いや願いを描いていることから、両者には共通するものを感じ取れるのではないでしょうか。

② 子どもの視覚世界、子どもの独特な画法を知る

　幼児の造形活動において、視覚から取り入れるイメージは大きく、また幼児が描く絵はそれぞれ独自の描き方をしていて、まさに想像力に富む表現方法です。「見立てて遊ぶ」ことは大事で、見立てること自体が造形表現であるとも考えられます。こうした幼児の表現をさらに充実していくにあたり、保育者をはじめとした大人の役割は重要です。

　表現活動を支援していくとき、保育者は肌の色は肌色でといった指導や描き方を教えるのではなく、子どもの伸びやかな表現活動を支えるために、「環境や材料・素材を適切に準備していくこと」「導入のアイデアを工夫すること」「子どもの頑張りを認める言葉がけを行うこと」で、幼児の想像力をさらに広げていくとよいでしょう。子どもが感受しているイメージを描画に展開していくきっかけになります。

　幼児期から学童期にかけて見られる描画の発達のおおまかな筋道を次に示しますので、学んでいきましょう。この筋道は多くの子どもに見られる特徴ではありますが、あわせて個々の幼児の特性を大切にすることも必要で、保育者はゆったりと見守り支援しましょう。

なぐりがき期（1歳頃〜3歳頃まで）

幼児の手に鉛筆やクレヨンを持たせると、見よう見まねで紙に点や線を描くようになりま

す。なぐりがき期の初期では点々や短い線が多いですが、痕
跡が残ること自体が面白いようで、飽きずに描き続けます。
握力はまだ弱いので、途中で切れ切れになったり止まって終
わったりと、線を一定の力では描けません。その後、月齢が
進み3歳ぐらいになると、体のコントロールができるよう
になり、指先や手首、ひじや肩の制御がスムーズになって筆
圧も安定してきます。一定の力で長い線が描けるようになっ
たり、丸い円のような形が描けたりと、高度な描出技術が可能となってきます。

図7-1　なぐりがき

命名期（2歳頃〜3歳頃まで）

　うまく手のコントロールができると、起点・終点が閉じて
いるしっかりとした円（閉じた円）を描くことができるよう
になります。2歳頃になると、丸く描いた形にものの名前を
つけるようになります。偶然にできた円にいろいろと「意味
づけ」をするようになり、「言葉」と「描かれたもの」とが
結びつくのです。何かを描こうとして先に考えるのではなく、
言葉は後から出てくるので、尋ねるタイミングにより名前が
一致していないこともあります。

図7-2　丸いぐるぐる円

前図式期（カタログ期）（3歳頃〜5歳頃まで）

　紙の画面上に丸や線を描きますが、それぞれのもの同士に
関係性は特になく、あたかもカタログ冊子のように並列的に
形を描き足していく時期です。知っているものや描けるもの
をつぎつぎに描いていきます。しかし、画面内を1つの空
間としては捉えてはいません。頭足人といわれる最初の人物
表現が描かれるのもこの頃です。頭足人の丸い部分は、頭だ
けではなく、頭と胴体の両方をイメージしていると考えられ
ます。

図7-3　頭足人

図式期（4歳半頃〜9歳頃まで）

　自分なりのパターンで、花や人、太陽、家などを記号や図のように描くことから、図式期
と呼ばれます。形に関しては自分なりの決まった概念化があるため、気に入った同じような
絵をしばらく描き続けます。一方で、この時期は幼児画の黄金期ともいうべき時期であり、
経験したことや興味のあるものを楽しんで想像力豊かに描いていきます。紙上の画面を1つ
の空間世界として構成し、空や地面などを意識し表現することができます。技術的に奥行き

表現は難しいところがあり、もの同士が重ならないようにと、奥のものについては画面上の左右に並べ拡げ描き表現します。また、目的意識をもって描くことができ、まず何を描くのかを決めて意図的に取り組むようになります。絵の内容について保育者が尋ね子どもに話してもらうことで、いっそう描くことを楽しむきっかけづくりにもなります。性差の表現が見られるのもこの時期ですが、各自の色や題材の好みは子どもが育つ文化や社会環境の中で形づくられた表現であると考えられ、各自の表現内容を尊重しましょう。子どもの描画に見られる特徴的な描き方や特徴を次に示します。

▶ 基底線

多くの子どもが画面の下に横線を１本引いて描き始めますが、この線のことを基底線と呼びます。奥行きがある場合はその線を複数本描いたり、画用紙のふちをそのまま線に見立てて描いたりすることもあります。アメリカの教育家ローウェンフェルドが命名した用語です。

図7-4　基底線

▶ レントゲン描法（透視描法）

子どもはものの中身を知っているとき、実際に表面的には見えていなくても絵の中で描くことがあります。たとえば、靴を履いている人の足の指、おいしく食べた胃の中のお菓子などを描くことがあります。

図7-5　レントゲン描法

▶ 展開図的表現（展開図表現）

テーブルを囲む子どもたちを、テーブルを中心に放射状に描くことがあります。そのため、人物やものが寝ているかのように表現されることがあります。

図7-6　展開図的表現

▶ 拡大・誇張表現

自分が最も描きたいものを画面の中心に大きく描く表現です。意図的に描いているわけではなく、自然に大きく描かれます。一見、バランス上は部分的に極端に大きかったり、あるいは小さかったり省略したりしますが、自由に描くことがあります。

図7-7　拡大・誇張表現

▶ アニミズム（擬人化）

子どもによく見られる表現として、太陽に顔を描くことが知られています。あたかも命があるかのように目や口などを描いて、ものや自然物を擬人化（人格化）する表現です。

▶ 多視点描法

1枚の画用紙の中でテーブルは真上から描き、人は真横から描くといった複数の視点から描く描法です。描きやすい方向から素直に描きだします。

図7-8　多視点描法

▶ 異時同存表現

経験したものを1つの画面の中に複数詰め込んで描くことです。

図7-9　異時同存表現

STEP 2 ★★☆ 自分でやってみよう
イメージを鍛えよう

① 絵を引き立てる展示についてのワーク

すてきだなと感じる絵や自分または身近な人の子ども時代の絵を選んで、その絵を引き立てる展示の工夫を自由にしてみましょう。

＜製作のポイント＞

一例として、ここでは厚紙で額縁を製作し、装飾を加えてみます。作業を通じて子どもたちの作品を演出する力を養うことができます。

＜材料＞

ボール紙、包装紙、布地、両面テープ、好みのマスキングテープ

② 新聞紙から発想するワーク

棒状にした新聞紙から発想してみましょう。何に見立てられますか。

＜製作のポイント＞

まずは新聞紙を細く棒状に丸め、テープで留めてみることから始めましょう。

＜材料＞

新聞紙や広告チラシ、テープ

COLUMN　3歳未満児との関わり

　3歳未満児の中でも、とりわけ2歳児は保護者や保育者の見守りや承認の中でいろいろな挑戦を試みています。保護者と子ども、あるいは保育者と一緒に共同作業で行うことがポイントで、鬼に金棒、何だってやってみることができそうです。保護者と共に、あるいは信頼している保育者と共に1つの活動に取り組めれば、情緒の安定にもつながります。子どもは乳児の頃から水や砂、土、紙、粘土など様々な素材に触れる経験を積む中で、諸感覚を働かせ、感性を育んでいくことが望まれています（保育所保育指針内にも取りあげられています）。いろいろな感触を十分楽しませてみてください。

　たとえば、コーンスターチなどで作ったドロドロの糊で、ベタベタ遊びはどうでしょうか。室内ででき、手首や指先に力がこめられ、大きな操作や動きへとつなぐ活動になります。市販の学童用の糊でも代用できます。日本で製造している学童用の糊はアレルギーの少ない安全なコーンスターチやタピオカ（キャッサバ）でんぷんで製造されています。市販の安全な糊に水を加えてなめらかになるよう加熱し、とろみをゆるめてもよいでしょう。大人があらかじめ作る手作り糊（フィンガーペインティング剤にもなります）のレシピを次に示します。分量は水カップ2に対し、コーンスターチ約大さじ2の配合でよく混ぜてゆっくり加熱し、とろみをつけます。その後、自然に冷まします。遊び方は、洗面器のような入れものに入れて素手で遊びます。紙片を貼り付けていく遊びへも展開できます。主成分はでんぷんのため劣化しますが、冷蔵庫で保存すれば数日は遊べます。似たような素材で、寒天や片栗粉も煮ると、安全なとろりとしたとろみのある材料になります。ただし、注意したいことがあります。小麦粉は家庭で入手しやすいのですが、アレルギーを起こしやすいことが昔から知られているので避けてください。学童用の糊のメーカーも小麦粉を現在使用していません。この点に少し気をつけて、前述の材料で手に入るものを使い、手作りして一緒に遊んでみましょう。

　いたずらに先取りし、造形で難しいことをしないことが肝心です。古くは明治期の保育関係者も、実践で自戒し、こんなことを記事にしていました。「目前の成績を誇ろうとして複雑で困難な工作を幼児にさせてしかも幼児にさせるどころか保育者自ら仕上げて、幼児の家庭へお土産として持たせることがある、自分でやろうとしていく幼児の活動力を阻害して工夫や想像の力が働かなくなる……」（匿名記事「保育法改良の第一着手」『婦人と子ども』第二巻第二号，1902）。本質を見失わないことや見栄えのよさに固執しないようにすること、現在にも通じる保育であったことに驚かされます。

STEP 3 ★★★ 保育の現場でやってみよう
日常の遊びからの展開

① 保育の計画を立てる　～お店屋さんごっこ～

　自由遊びでお店屋さんごっこ遊びを実施します。事例を参考にして、お店屋さんごっこに役立つグッズをクレヨンや筆で着色して製作しましょう。グッズとしては、お店ののぼりだけでなく、エプロンやトレイ、敷物などを各種思いだして作れそうなものを複数選択して、保育活動計画を考えてみましょう。

事例 7-1　お友達の言葉がヒントに！

　部屋でラーメン屋さんごっこをしていて、お店の"のぼり"を作ることになりました。準備をしていると、1人でブロック遊びをしていた子どもが「何してるの？」と輪の中に入ってきました。一緒に絵を描くことになりましたが、自信がなくて描けずにいました。すると、お友達が「じゃあ、ヒロくんはたまごをかくかかりね」と助け舟を出してくれました。途端にパッと表情が明るくなり、「こう？」と言いながら黄色のクレヨンでたくさん卵を描いていました。のぼりが完成すると、そのままラーメン屋さんごっこを始めました。

---

② 部分実習指導案を作成する

　ねらいについては、「自分がやってみたいと感じた遊びを友達と一緒に遊んで楽しむこと」や、「思ったことやしたいことを形に表して友達に受け止めてもらうことを喜ぶこと」などを考えていきましょう。

＜グッズ製作例：のぼりの作り方＞
①画用紙を縦に切り、長くつなぐ（絵や字を描くところ）。
②新聞を棒状に丸め、のぼりの柱にする。
③柱に縦長につないだ画用紙を貼る。

部分実習指導案：

お店屋さんごっこのグッズを作る

実施日　10　月　2　日　火　曜日
対象児　5　歳児　10　名（男　5　名／女　5　名）

【主な活動内容】　好きな遊び活動の中、コーナーでのお店屋さんごっこ遊びの準備として、
道具やグッズを製作することを楽しむ。

【子どもの実態把握】
・ほとんどの幼児が「○○遊びしたい」と遊びへの意欲が高まり、気の合う友達を誘って遊ぶようになってきた。
・遊びの中での発見や楽しさ、驚きを言葉で伝えようとする姿が見られるようになってきた。

【部分実習のねらい】
・身近にある紙を使って、ごっこ遊びに必要な道具作りを楽しむ。
・友達との関わりの中で、影響を受けながら自分の思いを表現できるようにする。

時間	環境構成	予想される子どもの活動	保育者（実習生）の援助・配慮点
10:00	・子どもの動線に合わせ、遊びがぶつからないように道具や場の配置を行う。 （材料の用意） 新聞紙、クレヨン、サインペン、はさみ、プリンカップ、画用紙 ・イスやテーブルを配置し、遊びに取り入れたり、休息したりできるスペースを設ける。	◎遊びたいことを話したり、保育者や友達の話を聞いたりする。 ・ラーメン屋さん ・お好み焼き屋さん ・ジュース屋さん　など	・昨日までの遊びの流れを確認し、遊びたいことに取り組めるよう、気持ちを高めていく言葉がけをする。 ・遊びの準備を手伝いながら全体の様子を把握し、子ども同士で遊び始める姿を見守る。 ・子ども自ら試したり、工夫したりできるような素材や道具を準備する。
10:10		◎製作をする。 ○友達と作り方を教え合う。	・作り方が分からない子どもへ、保育者も一緒に遊びながら友達のやり方を見せたり、周りの子どもに「どうやって作るの？」など教え合ったり、気づいていけるよう援助する。 ・イメージしたものが作れない子どもには、言葉をかけながら一緒に作っていく。

時刻	環境構成	活動	援助と配慮
11:00	・片付けに必要なものをさりげなく子どもたちの近くに配置しておく。	◎片付けをする。 ・使った道具を元の場所へ戻す。 ・手を洗い保育室へ戻る。	・明日も遊びの続きができると期待がもてるような言葉がけをしながら、保育者も一緒に片付けていく。
11:20	・あらかじめ作ったものを取って置いたり、続きにしたりできるように空間を作っておく。	◎話し合いをする。 ・今日の遊びの楽しかったことを発表する。	・楽しかったこと、考えたことなどの子どもが「伝えたい」気持ちに保育者は共感・応答し、子どもの自信につなげる。必要に応じ言葉を添え、伝え合う手助けをする。 ・明日の遊びへの意欲や期待へとつなげる。

[参考文献]
齋藤亜矢『ヒトはなぜ絵を描くのか：芸術認知科学への招待』岩波書店, 2014
海部陽介『人類がたどってきた道：“文化の多様化”の起源を探る』日本放送出版協会, 2005

MEMO

....

....

....

....

....

....

....

造形での遊び方と技法の工夫を学ぶ ～材料との出会い～

STEP 1 ★☆☆ 基礎理論
造形活動の支援

① 画材を知ろう

　造形においては、画材や素材を仲介にして楽しく活動する中で、子どもたちが自分の表現をいかんなく発揮できることが魅力であると考えられます。画材は発売当初から変わらないものもありますが、最近では優れた機能や効果が期待できる商品が開発されていますので、アンテナを張って新しい情報に触れて、保育に応用できるものをチェックしていくことも必要でしょう。保育者は、素材や表現の特性を生かした方法で子どもが自分の好きな表現方法を見つけだすことができるよう援助していくことが必要です。それには保育者自身が造形表現における道具や素材についての知識や経験をもつことで活動を適切に支えることができるのです。

絵の具について

　大きく分けると、絵の具には顔料系絵の具と染料系絵の具があります。顔料系絵の具にはクレヨンやパス、水彩絵の具、ポスターカラーなどがあります。顔料とは、鉱物や天然素材を粉末にしたものです。粉のままでは紙にとどまっていることはできず、固着するためにアラビアゴムやロウや樹脂などを混ぜて製品にしています。染料系絵の具にはサインペンやフェルトペン、カラーインクなどがあります。染料は化学的に色を作りだしたものです。古来、染料は自然界から取りだした樹液や昆虫等の材料を鉄などの媒染材の力で化学反応させて作りだし、用いていました。たとえば、植物の藍で作る藍染めは日本が誇る天然染料の1つです。古い和服の色彩はこのような天然染料で染めていました。現在は、工業的に作られる染料がほとんどです。染料系絵の具は太陽に当たるうちに退色していく欠点がありますが、描く時点では発色は鮮やかです。必要に応じて揃えて用いましょう。

紙について

▶画用紙、色画用紙

　画用紙には、八つ切りと四つ切りの2サイズがあります。八つ切りは全紙を8等分したもので、扱いやすい小型の判です。同様に四つ切りは4等分したものです。全紙の大きさに

よって大きさが異なることもあります（通常、全紙サイズは約 1084 × 764mm、八つ切りは約 382 × 271mm、四つ切りは約 542 × 382mm です）。

　工業的に製造された紙全般に該当することですが、紙繊維の方向から反りやすい、曲げやすい向きがあります。また、紙は水を含むとシワが出ますが、描画で水彩絵の具を用いるとき、このような特徴を減じるために「水張り」という方法があることを知っていると役立ちます。水張りの方法を次に示します。スポンジや大き目の刷毛などで表裏しっかりと紙に水分を吸収させた状態で、紙より大き目の平らな板にテープ（水張り用テープがよい）で四辺ぐるりとしっかり貼り付けます。板に固定させたまま乾燥させた後（自然乾燥でもドライヤー乾燥でもよい）、テープをはがして、ピンとなった紙を製作に使用します。限界まで水を含んで乾いている紙なので、新たに水分が付いても伸びて紙が波立つことがありません。

▶和紙

　植物原料の違いから三椏を使った三椏紙の他、楮紙、雁皮紙、麻紙などがあり、伝統的な産地で様々な和紙が作られています。高価ですが優れた材料で、100 年以上経ってももろくならない強度があります。幼児教育の場では、扱いやすい染色・版画用の和紙風の紙も市販されていますので、目的に合致したものを選択するとよいでしょう。

▶その他の紙

　コピー紙、ボール紙、段ボール紙など多様な紙を工夫して用いることで、多様な製作を期待できます。破って遊ぶには広告チラシや新聞紙などもあり、用途に応じて探してみましょう。

筆について

　使いやすさの点からは、水彩画用の丸筆が一般的です。筆の材質では、動物の毛の筆や繊維の筆、高級なセーブル（黒テン）に似せた学童用の筆などが市販されており、いずれも幼児に適しています。筆に類するものでは、ハケやスポンジローラーが市販されているので、活用すると表現の幅が広がります。書写用の筆も活用することが可能であり、また使い古したものでも代用できます。割ばしペンをはじめとした筆やペンの代わりになる道具で描くことも、楽しく取り組む方法です。絵の具を吸い込むスポンジや指先、タンポ、布などの筆の代わりになりそうなもので柔軟に工夫して描くことは、幼児にとっても保育者にとっても新たな発見の機会になります。

カラーマーカーについて

　油性や水性のサインペンも広く用いられています。品質のよい商品が多く販売されていますので、選択肢は多いです。筆圧が弱い子どもたちに用いることができます。

クレヨンについて

クレヨンは手軽かつ手に汚れが付きにくいので、幼児教育の分野では古くから用いられています。品質改良が進み、非常に描き心地や発色がよい画材です。幼児期は線で描くことが多いので、筆圧をかけても折れにくいものがよいでしょう。国産の市販のクレヨンは使いやすくできています。

パスについて

保育や教育分野ではクレパスと呼ぶことも多いですが、特定のメーカーの商品名ですので、現在はパスまたはパス類と呼びます。クレヨンと同じく油性で、塗った後に絵の具を塗ると水をはじきます。クレヨンとの違いは、パスにより油分量が多い点です。バチック（はじき絵）技法に向いている画材です。

粘土について

本来、粘土とは自然界の焼成が可能な土のことです。最近では様々な粘土が市販されています。幼児教育の場では、個人所有で油粘土を用いることが多いです。油粘土は水の代わりに油を練り込んであるので、いつでも柔らかいのが特徴です。他には紙粘土や軽量粘土も市販され、手軽に扱えて人気です。においを抑えた安全により配慮された製品を選んで使用しましょう。

主な造形道具について

▶はさみ

はさみを使うとき、大人は親指と中指で操作することが一般的ですが、幼児は親指とそして中指を中心とした両脇の人差し指あるいは薬指も用いて操作するほうが、むりなく動かしやすいようです。刃先が丸くなっているなど、安全な品質のものを選びましょう。

▶糊

代表的なのものは学童用のでんぷん糊で、指に少量ずつ取り塗ります。でんぷんの種類は、とうもろこしやキャッサバを用いています。洗濯糊や障子張り用糊は小麦粉が使われていますが、安全性から子どもには市販の学童用を与えましょう。手ふき雑巾や糊用ヘラを用意しておくのもよい配慮です。スティック糊は糊に含まれる水分が少ないので、紙にシワが寄りにくいです。用途に応じて使い分けましょう。

▶木工用ボンド

酢酸ビニル系接着剤で、乾燥するまでは水溶性ですが乾燥すると耐水性になります。速乾性のものでも数時間は乾燥にかかりますが、接着力は強いです。紙や木材、布や皮革も固着

します。乾燥させるときは動かないように固定しておきましょう。

▶ 粘着テープ

　いわゆるセロハンテープは手軽に安全に紙やひも、布を留めることが可能なので、子ども
も使いやすい接着方法の1つです。マスキングテープやガムテープ、養生テープも用途に
応じて用いることで表現の幅が広がります。

② 色彩の知識

色について

　色とは、光が網膜を刺激して生じる自然現象として説明できます。無数といってよいほど
の多彩な色が存在し、それらの内の限られた部分を人は色として認識して見分けることがで
きるのです。人間が色彩として感じるのは可視光です。太陽光をプリズムに通すと色のスペ
クタクル（色の帯）が見えますが、最も波長の長い赤から波長の短い紫まで虹のようになっ
ています。ものに色がある理由は、実は光そのものは光源色といい、私たちはものに光が当
たって反射して生じる表面色を見ているのです。絵の具も色紙もリンゴの色も、理論的には
特定の色の色光を反射させて他の色は吸収されているために見える色なのです。白色が白い
のは、色光をまんべんなく均等に反射しているからと説明できます。

色の三要素（三属性）について

▶ 無彩色と有彩色

　全ての色は、無彩色と有彩色とに分類できます。無彩色とは黒、白、様々な明るさの段階
の灰色のことです。一方、有彩色とは無彩色以外の色味のある全ての色を指します。有彩色
の中には純色（色合いの中で最も冴えた色、ただし白、黒、灰色は除く）、清色（純色に白、
または黒が混ざった色）、濁色（純色に灰色が混ざった色）があります。

▶ 色の三要素

　色の性質は3つの要素から成り立っています。それは色相、明度、彩度で、色の三要素
あるいは色の三属性と呼びます。色相とは赤、黄、緑など色の種類や色合いのことです。同
じ色相の色でも薄い色や濃い色などがあり、こうした色の調子のことをトーンといいます。
明度とは色の明るさの度合いのことです。白が最も明度が高く、黒が最も低いです。有彩色
の明度は灰色の明るさの段階に対応させて考えられています。彩度とは色味の強さの度合い
のことです。有彩色は色相、明度、彩度の全ての要素をもち、無彩色は明度のみもちます。

▶三原色

　他の色をもってきても作ることができない色を三原色といいます。三原色を混合すると他の色を作ることができます。三原色には、絵の具のような色料の三原色と色光（光の色）の三原色とがあります。色料の三原色は赤、青、黄（正確にはマゼンダ（明るい赤紫）、シアン（澄んだ緑みの青）、黄）です。光の三原色は赤（波長 625 〜 740 nm）、緑（波長 500 〜 565nm、青（波長 450 〜 485nm）です。

▶色の混合（混色）

　光と色料とでは色を混合（混色）したとき、全く違う結果になります。光は混色すると明るくなり、加算混合（加法混合）といいます。色料は混ぜれば混ぜるほど、どんどん濁って暗くなります。これを減算混合（減法混合）といいます。理論的には光の 3 原色を混ぜると白になり、色料の 3 原色を混ぜれば黒（実際は暗い灰色）ができることになります。

　混色では、他に中間混合（中間混色）というものがあります。回転混合と並置混合が知られています。回転板（コマ）に複数の色を塗り分けて回すと色が混ざって見えますが、色の明るさは変わりません。これが回転混合です。並置混合とは複数の色を並置させて離れたところから眺めると、混色されて見えることを指します。たとえば、点描画や織物（縦糸と横糸の色が異なるもの）にその実例を見ることが可能です。

▶補色

　補色とは、色相環（日本色研配色体系やマンセル色体系が知られる）の特定の色の反対側にある色のことを指します。反対色であるとか対照色ともいいます。補色同士は、互いにコントラストの強い目立つ配色になります。

▶色の対比

　色に関する錯覚（錯視）が生む現象を色の対比といいます。明度対比、彩度対比、色相対比、補色対比（彩度対比の一種でもある）、面積対比などがあります。ここでは明度対比および面積対比を紹介します。明度対比は、同じ色でも明るい背景の中では暗く感じ、逆に暗い背景の中では明るく感じられることで、周りの色の明暗で明度が異なるように見える現象です。面積対比は、同じ色でも面積が大きい方が小さいときよりも明るく（白っぽく）見える現象です。

▶色の進出・後退、膨張・収縮

　色によって実際の距離より出っ張って見えたり大きく見えたりすることがある一方で、後ろに下がって見えたり小さく見えたりすることもあります。このような見え方は、明度や彩度などの違いが人の感覚に影響を及ぼしているからです。明度の高いものや彩度の高いもの

は、前に見えたり大きく見えたりします。同じ色相の色では、一般的に暖色系の色の方が進出して見えます。古くから囲碁の黒石は白石に比べ微妙に大きさが大きめにしてあるそうで、納得できる事例です。

▶絵の具での色の作り方

　実際に絵の具で色を作るときの白や黒の活用法を提案します。チューブから出した赤い絵の具に、少し白または黒を混ぜてみましょう。白を混ぜれば明度の高い赤へ、また黒を少し混ぜると深い赤ができます。三原色での混色ばかりでなく、このような混色の方法を知っているととても役立ちます。

③　造形の各種技法の実施について

　各種技法を用いることで、偶然にできる美しさや面白さを活用して、幼児の描画をより豊かなものにすることができます。楽しみながら活用してみましょう。幼児が早い段階から楽しむことのできる技法の遊びに、スタンピングがあります。簡単にいえばハンコ押し、あるいはスタンプ遊びです。簡易な操作だけで形が現れる楽しさがあります。

　他にも、一般的な造形の技法を知って適宜活用すると、造形の保育内容に広がりが生まれます。基本と指導上の留意点を押さえることで、多くの幼児にその楽しさを味わわせることができます。各種技法を保育の場で取り組む手立てを学びましょう。

スタンピング

　市販のゴム印、保育者が作った消しゴムハンコ、野菜の切り口のスタンプ、プラスチック容器を使ったハンコなど、幼児が扱いやすいハンコを各種用意しましょう。紙に転写するという行為は版画の活動と同じものです。様々な形のハンコを組み合わせて、何かに見立てることにつなげても面白いと考えられます。お薦めしたいのは、メラミンスポンジを活用して作ったハンコです。通常のスポンジハンコに比べ押すときの反発が程よいので、幼児にはぐっと押しやすいでしょう。

図8-1　スタンピング

マーブリング

　絵の具を水の上に垂らしてできた模様を紙に写し取ると、大理石（マーブル）の模様ができます。これがマーブリングの技法です。日本では墨流しともいいます。広口のトレイのような器に水を入れ、水面に濃い目の絵の具液を浮か

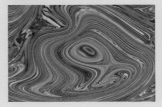

図8-2　マーブリング

べると、同心円状に広がります。水表面を竹串でゆっくり混ぜると、複雑な形が生まれます。和紙など吸水する用紙を浮かべ、一息おいてめくると紙に転写されます。

バチック

インドネシアの染め技法の用語で、ろうけつ染めと原理は同じです。水をはじくクレヨンやパス、ロウを使って紙や布に線を描いて、その上に絵の具を塗ります。この手順で行うと、線の部分が絵の具をはじいて線が浮きあがります。

デカルコマニー

画用紙の上に絵の具をのせて二つに折り、紙の上から押さえます。画用紙を開くと左右対称の面白い形や不思議な模様が現れます。デカルコマニーは美術の歴史上、シュールレアリスト（超現実主義者）が始めました。デカルコマニーの技法では絵の具が押し広げられ、偶然の形の具合いやにじんだ混色の面白さを楽しみます。

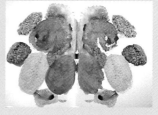

図8-3　デカルコマニー

簡易な操作で行うことができ、絵の具の濃さや紙の吸収の度合いで意図的に変化をつけることができます。絵の具の水濃度は低めにすることで、色が濃く出て、子どもが分かりやすい仕上がりになります。この技法はイメージの多様性を表現できるので、心理学のロールシャッハ・テストでも活用されています。

フロッタージュ

日本語で「こすりだし」ともいわれる技法です。表面に凹凸があるものの上に薄紙（コピー紙で可）をのせて鉛筆やコンテなどでこすると、凹凸が紙に浮かびあがり、写し取ることができます。太い芯の色鉛筆やパスやクレヨンでもできます。色を変えたりや配置をずらしたりすると、変化のある応用作品が楽しめます。身近な自然物や生活用品の他に、最近では菓子缶の蓋に凹凸がついたものがあるので活用してもよいでしょう。

スクラッチ

引っ掻いて絵を描く技法です。用紙の準備として、画用紙全面にまず明るい色のパスで下塗りをします。その上に、暗い色のパスを用いて覆うように塗り重ねます。このようにしてできた暗色の用紙を、先端がとがったもので引っ掻くようにして絵を描きます。

ステンシル

紙版画の一種で、型抜き版画ともいいます。型抜き用の紙を用意します。防水性のある紙が理想ですが、カレンダー用紙のような厚手の紙もよいです。ものの形を描いて切り抜きま

す。切り抜かれた紙を別の用紙に重ね、絵の具を穴に塗り込んでいきます。塗り込む方法は筆やスポンジを用います。

コラージュ

　コラージュとは貼り絵の一種です。台紙に写真や色紙、布、金属、砂など様々な材料を貼り合わせます。それぞれの素材の風合いで、絵とは異なった表現をすることができます。

紙版画

　版画とはいっても、主に紙を用いて幼児が取り組むことのできる簡易な技法です。台紙としてボール紙または画用紙の上に別に切って用意した型紙を貼り重ね、版を作ります。糊が乾いてから、版画用ローラーや筆でポスターカラーまたは版画絵の具を画面全体に塗ります。絵の具が乾かないうちに版画用和紙をのせて、画面全体をばれんや手で刷り込みます。版画用和紙をそっとめくって刷りあがりです。版画用和紙でなくても、吸い込みのよい用紙ならばうまく刷ることができます。

スチレン版画

　スチレン板にボールペンなどの先端を使って形を描くことで、凹みを作ります。版画用インクかポスターカラーをローラーで付け、別紙の用紙に刷ります。市販のスチレン板でなくても、食品トレイや発泡スチロールの切れ端も代用できます。

にじみ絵

　紙の表面の絵の具が乾かないうちに別の絵の具を垂らして、にじんだような色の効果を表現することができます。サイダージュースやマーブル模様風の発色が可能です。また、染め紙遊びもにじみを用いたものです。

④　保育者の援助と保育の展開について

活動の展開と組み立て方

　幼児の造形表現活動は、「材料」と「活動」との関わり方法から、その展開を次の3つの組み立てに分類することができます。対応するねらいの設定も少しずつ異なってきます。

１ 保育の組み立て方法１

　保育者が子どもに経験してほしいねらいがあり、次にそれに適した素材を選ぶ。

＜例＞

　ねらいを「友達との関わりによって自分以外の人の思いや考えを伝えていくことを楽しむ」

と設定する。そして、それに適した活動として自分の好きな食べ物の絵を描いて見せながら、その食べ物について知っていることを話す。

❷ 保育の組み立て方法2

材料や素材があり、次にその特性を生かした子どもの活動へ展開させるねらいを決める。

＜例＞

どんぐりなどの木の実を観察したのち、木の実を空き容器に入れて音の出る楽器を作ったり合奏をしたりする。

❸ 保育の組み立て方法3

子どもが材料や素材を使いながら活動すること自体がねらいとなる。

＜例＞

色の出る花あるいは絵の具を使って色水を作り、ジュース屋さんごっこをすることに決まった後、作ってできた色を楽しんだり、皆と一緒に活動をする楽しさを味わったりする。

STEP 2 ★★☆ 自分でやってみよう 製作に挑戦

① 保育室の壁面製作のワーク

保育室の壁面製作のアイデアを考えましょう。保育室の壁面を小型に模して考えます。画用紙（八つ切り）をミニ保育室の壁面に見立て、画用紙上でアイデアを考えてみましょう。

＜製作のポイント＞

季節やテーマを選択し、テーマに沿った子どもにふさわしい具体的な事物（たとえば鳥や波、桜など）を多くイメージし、参考になる図案を探しましょう。次に色紙や包装紙などを切り取り、子どもの視点になって配置し、貼り合わせていきます。

② 絵の具の混色学習のワーク

絵の具を使って混色学習をしましょう。赤、青、黄、白、黒を用いて混色をすることで、たくさんの色のバリエーションを作りだしてみましょう。20色を目標に取り組んでみましょう。

＜製作のポイント＞

画用紙の上に、直径3cm程度の円を20個ランダムな配置で描きます。その円一つ一つに、自分で混色した色や原色のままの絵の具を塗りましょう。全ての円が違う色になるように塗

りましょう。微妙な色の違いであっても大丈夫です。20通りの色を作り分けてください。

STEP 3 ┃ ★★★ 保育の現場でやってみよう
子どもの製作を支える

---

① 保育の計画を立てる

　子どもたちが描いた人物画を園の行事にちなんだ構成にし（たとえば運動会での綱引き競技、玉入れなど）、実際に子どもたちと壁面製作をしてみましょう。

② 部分実習指導案を作成する

　タイトルテーマ「わたし、ぼく、友達を描く」の活動計画を立ててみましょう。

　導入部分を工夫することで、子どもたちも目をキラキラさせて取り組んでいけるでしょう。たとえば、「まず目の部分からスタートして顔を描いてみよう」「鼻の形からまず描いてみよう」などと声かけをして取り組みます。まず、大きなロール紙を用意して床に広げ、自由に遊んでいる自分や友達を元気よく何人でも描いていいことを伝えます。充分な本数のサインペンやクレヨンの用意をし、思いきり描かせてみましょう。

　今回の部分実習のねらいとして、「自分がやってみたいと感じた遊びを友達と一緒に遊んで楽しむ」「思ったことやしたいことを形に表して友達に受け止めてもらうことを喜ぶ」などが考えられます。4歳児で実践してみましょう。

部分実習指導案：

みんなで顔を描くよ

実施日　11　月　10　日　水　曜日
対象児　4　歳児　20　名（男　10　名／女　10　名）

【主な活動内容】
・大きな紙にわたし、ぼく、友達を描いて描画に親しむ。
・壁面画に向け、保育者や友達と一緒に思いを絵に表すことを楽しむ。

【子どもの実態把握】
・自分で好きな遊びを見つけて取り組み、遊びを通して友達と関わる姿が見られる。造形では、クレヨンで元気に顔や人を描くことができるようになってきている。

【部分実習のねらい】
・大きな紙に様々な方向から描くことに取り組むことで、「やってみたい」という意欲や挑戦につなげる。
・太めの筆は力が弱くても容易に線が引けるので、描くことを素直に楽しむ。

時　間	環境構成	予想される子どもの活動	保育者（実習生）の援助・配慮点
10:00	・シートを敷き、床にテープで固定する。模造紙もその上に固定する。	◎保育者の話を聞く（一緒に顔を描くと楽しい）。	・幼児が意欲的に取り組めるよう声かけを行う。
10:10	・溶いた絵の具を器（大皿、浅いバケツなど）に用意する。6色程度（黄、橙、ピンク、藍、茶、白）。筆、水の入ったバケツ、筆拭用の布も数か所に用意する。 ・油性マジックを各色用意する。	◎描画を行うように準備された室内で描画活動を行う。 ○友達や保育者の動きを真似ることも適宜取り入れて、描くことを通して友達との関わりを感じている。	・イメージが広がり友達と一緒に描くことで、新たな考えが生まれたり、場を共有して遊んだりする楽しさを味わえるよう配慮する。 ・保育者も一緒に仲間の一員になって遊ぶ。子どもが保育者の遊ぶ姿を見て、「一緒に描きたい」という意欲へとつないでいく。 ・活動を傍観していた子どもにもやってみたいという気持ちが実現できるよう援助をする。
11:10	・乾燥しやすい、邪魔にならないスペースへ絵を移動させる。	◎片付けを行う。 ・使った道具を元の場所へ戻す。 ・手を洗い、室内へ戻る。	・保育者と共に片づけをし、保育者は子どもの頑張りを認める。
11:30		◎話し合いをする。 ・今日の遊びの楽しかったことを発表する	・次の実践に向けて、子どもの絵や言葉を読み取る。

[参考文献]
中田満雄・北畠耀・細野尚志『デザインの色彩　部分改訂版』日本色研事業, 2003

MEMO

....

....

....

....

....

....

....

....

....

....

....

....

....

話す力を育てる言語表現

1 子どもにとっての言語表現とは

　人間はもともと関係的な存在であり、自己や人、ものと関わりながら生きています。新生児は生まれてすぐに「泣く」ことで、自分の状況を伝えます。自分が何か感じたことを「体を動かすこと」「泣くこと」で表現します。体をむずむずさせたり、泣いたりする姿は、他の人には同じように見え・聞こえるのですが、子どもの声の表現に対して、養育者（母親）は「おっぱいね」「おむつを換えようか」「気持ちいいね」など"分かって"いきます。そして、子どもの方も、怒った声、甘えた声、不快な声などを泣き分けるようになり、養育者（母親）と子どもの間に応答的な関わりが生まれ、子どもにさらに表出する力がついていきます。

　このように、子どもは新生児期から体を動かすことや声を出すことなどの人に伝える力、意図的に（わざわざ）体を動かし声を出す力を身につけていきます。この「意図的」という点が重要で、次には何かの方略・方策を使って自分なりの工夫をして、人に意識して働きかけるようになります。

　その方法の１つが「言葉」です。「言葉」の諸側面には、「聞くこと」「話すこと」「読むこと」「書くこと」「考えること」「人とつながること」などがあります。他の人々の話す言葉を聞き、自分も声を出して話してみて、その通じる実感をもとに、自分からも発信・話しかけ、話し言葉の力を獲得していきます。つまり、言葉は相互的なものであり、通じる相手がいることが重要だということです。「言葉」は、自己表現の方法であると同時に、他の人々と関わっていくコミュニケーションの方法の１つだといえます。身体での表現や表情・身振り・手振りなど表出の方法はいろいろありますが、「言葉」は他の人と情報を共有し、場面を共有しなくても理解し合っていくのにとても便利なものです。

　幼稚園・保育所・こども園での表現活動というと、歌やリズム遊び、造形的な活動を思い浮かべるでしょう。音楽的な活動や造形的な活動、またそれらが総合的に展開するプロジェクト型活動など、子どもたちのどのような活動にも、体の動きでの表現と言葉を使っての表現が基礎的な力となると考えられます。

　感じたことを表すこと、考えをまとめていくときには言葉の力が必要です。たとえば、「昨日見た消防車の絵を描こう」という造形活動では、「何が印象に残っているか」「何をしたか」「消防車はどのような色や形だったか」など保育者が声をかけながら、子どもはその場面を思い浮かべていきます。ただ、「昨日見たこと、したことを書きましょう」という言葉がけだけは、なかなか絵を描くところまでいたりません。子どもが自分の経験した場面の記憶を

呼び起こしたり、どこから描こうか考えたりする際には、表現するために、「車の色は赤だった」「消防士さんがかっこよかった」「水がぴゅーっとでた」など言葉の力が大きいのです。そして、描き始めてからも保育者がよいところを見つけて伝えたり、どうしてそのような描き方や色にしたのかを聞いたりし、子どもの気持ちや考えを引きだします。子どもと言葉でやりとりしながら、「経験したことを絵に描く」という保育活動がじっくり取り組める内容として展開していきます。

2 子どもを取り巻く現状

　現代の生活にとっては、メディアはなくてはならない便利なものです。子どもが楽しく日々接しているものに、TV や DVD、ゲーム、アニメ、コミックなど、多くのものが存在しています。そこにあふれる情報は膨大なもので、言葉の種類や表現は子どもの理解を越えているかもしれませんが、楽しみながら読むことや書くことを身につけていく面もあることは見逃せません。最近ではゲームやキャラクターを通じて、ひらがなよりカタカナやアルファベットに早い時期からなじむ姿が見られます。また、ICT 導入が教育の課題になっている昨今、まったくメディアに触れないでいることは不可能です。読み書きの力に偏りがある場合や話すことに困難な子ども・大人の場合には、ICT を利用することも考えられます。様々な状況の中に、機器を活かしていく発想が求められています。

　一方で、子どもがいろいろな言い回しを身につけ、子どもが言葉を知っていて言葉になじんでいる、いろいろな言葉を話しているからといって、中身を理解しているかは別問題です。バーチャルな経験のみで実体験が伴わないと、分かったとは言えないこともあります。

　動物が好きで図鑑で様々な動物の名前を知っている子どもが、動物園に行き最初につぶやいた感想が「臭かった」だったという事例があります。そのような事例を聞くと、幼児期には、直接的で具体的な体験が重要だと感じます。

　また、前述したバーチャルな知識のみではなく、大人と直接やりとりする経験、たとえば絵本の読み聞かせの体験、紙芝居を次の場面に行くタイミングを計りながら見る体験、声の大小や抑揚などの肉声での触れ合いなどは、感性と表現を育てるには欠かせないものといえます。子どもの育ちや場面の様子などを見ながら、大人が様々な教材を選択していくということが大切ではないでしょうか。日常的に絵本や紙芝居、素話、エプロンシアター、ストーリーテリング、劇を楽しむことを通じて、自分もやってみたいという気持ちが育ち、ごっこ遊びにつながったり、ペープサートを演じたり、児童文化材への関心が深まり、そして、本物を見てみたいというような気持ちが育つといいでしょう。

★☆☆ 基礎理論

言葉を媒介にした表現「話す」

① 「話す力」の基礎

　皆さんには何かに感動したとき、その感動した気持ちや内容を身近な誰かに話したくなるという経験があるでしょう。皆さんの世代だと SNS を使うこともあるでしょうが、子どもたちは自分が感動したことを直接誰かに言いたくて言いたくて仕方がありません。幼稚園に来て、「昨日虹を見たよ。先生も見た？」とか「じいじが新しい車を買って乗せてもらった。広いんだよ」など、まだ身支度しないうちから話し始めます。保育者は、「お支度してほしいな」と思いつつ、「そうだね、幼稚園の窓からも虹が見えたよ。きれいだったね」とか「そう、新しい車なの？お出かけが楽しみだね」と続けます。

　この例のように、子どもが感じたことを言葉で表現する力を育てるには、子どもが豊かな経験をすること、日常のこまごました出来事を喜ばしい体験として感じることが重要であると同時に、「伝えたい相手」「聞いてくれる相手」がいることが大切です。話した内容を受け止められ、さらにその感情や情報を共有する相手がいることで、また新たな表現を導きだす、ということがいえます。

　話し言葉の発達については、他教科でも学習しますので、ここでは大まかに見ていきます。まず、1歳の誕生日前後に、「ママ」「マンマ」などの意味のある言葉を1〜2語言うようになり（有意語）、いろいろな声を出し、人に自分の要求や気持ちを伝えようとし始めます。2歳前後で、「ブー（お茶）ノム」「ブー（車）キタ」など2語文を話すようになります。3歳になると、語彙が爆発的に増え、日常のコミュニケーションを取りやすくなり、生活しやすくなります。さかんに質問をするため、質問期と呼ばれますが、聞かれたときに「そうだね、何かな？どうしてかな？」などと聞き返すと、素敵な答えを自分でもっている場合もあり、「話す」「聞く」「表現する」などを楽しく存分に体験する時期です。3歳以上になると、言いたいことを自分で言おうとしますが、自分の気持ちや考えを言葉で的確に表すことはまだ難しく、保育者が翻訳したり、想像し代弁したりしながら、徐々に自分で言える力がついていきます。4〜5歳になると（4歳児クラス）、目に見えない人の気持ちやその場の状況を想像して行動しますが、まだ自分が優先ですので、いざこざや擦れ違いなどが起こります。そのとき、保育者に自分の気持ちや考えを聞いてもらい、「こういうふうに伝えればいいのだ」と表現の仕方を学びます。5歳を過ぎ就学に近づいていく（5歳児クラス）と、言葉でイメージしつつ、そのイメージを共有し遊んでいきます。目の前の出来事だけはなく、来週の予定で「遠足に行くんだ」とか「納涼祭に出し物をするから考えよう」など、未来のことでも想像していきます。また、「この山は高くて大変だ。修行をするぞ」と言いながら、想像力を

発揮しながら忍者たちになってジャングルジムに上ったりします。

② 表現力を育てるには

　3歳以上児の育ちについては、保育所保育指針の第2章3歳以上児の保育に関するねらいと内容に、「この時期においては、運動機能の発達により、基本的な動作が一通りできるようになるとともに、基本的な生活習慣もほぼ自立できるようになる。理解する語彙数が急激に増加し、知的興味や関心も高まってくる。仲間と遊び、仲間の中の一人という自覚が生じ、集団的な遊びや協同的な活動も見られるようになる。これらの発達の特徴を踏まえて、この時期の保育においては、個の成長と集団としての活動の充実が図られるようにしなければならない」と記されています（下線著者）。

　また、言葉の領域の目標は（幼稚園教育要領と幼保連携型認定こども園も同様）「経験したことや考えたことなどを自分なりの言葉で表現し、相手の話す言葉を聞こうとする意欲や態度を育て、言葉に関する感覚や言葉で表現する力を養う」とし、次の3つのねらいが示されています。

保育所保育指針

① 自分の気持ちを言葉で表現する楽しさを味わう。
② 人の言葉や話などをよく聞き、自分の経験したことや考えたことを話し、伝え合う喜びを味わう。
③ 日常生活に必要な言葉が分かるようになるとともに、絵本や物語などに親しみ、言葉に対する感覚を豊かにし、保育士等や友達と心を通わせる。

厚生労働省「保育所保育指針」2018 より著者一部抜粋

---

　① では、気持ちを表す言葉を育てることが大切になります。子どもは様々な感情体験をしますが、そのときの感情を言葉と結びつけて表現するのは難しいかもしれません。楽しい感情は外からも分かりやすく、「楽しい」「おいしい」「うれしい」など言葉でも体でも表しますが、悔しくて怒ったり、情けなくて泣いたりなど気持ちを言葉で表しにくい感情もあります（喜怒哀楽。特に「哀」は表現が難しい）。「かけっこ負けて悔しいね」「そうか、この野菜は苦手なんだね」や「今は貸してもらえないね、残念だね」「やめってって言おうか」など、子どもの気持ちに寄り添い、気持ちを言葉で伝える伝え方を保育者が示します。

　②について、園生活の中では「体験」と「聞く」「話す」が同時に行われています。遠足に行くことを楽しみにして、「象がリンゴを食べていた」「見たことある」などの自分が行った動物園の話をしたり、「ユキちゃん（妹）も一緒に行くんだ」と期待を話したり、場面に

合わせて発言するということを学びます。また、園生活の中では、決まったやりとりや言い回しをすることがあります。お当番になったら挨拶をするとか、園長先生には「おはようございます」と言うけれども、友達には「おはよう」と言ってもよいなど、ある程度のパターンで表現する力をつけていきます。先生の話をよく聞いて、友達の発言もよく聞いて、そして自分の気持ちや考えも聞いてもらえる体験が自信となっていくでしょう。

③には、「日常生活に必要な言葉が分かるようになる」と記されています。「こんにちは」の挨拶や「ありがとう」のお礼の言葉、「入れて」「貸して」というお願いなどは人との関係をスムーズにし、絵本や物語などを通じて言葉の抑揚や多様な言い回しなどを楽しみます。その共通体験がお互いの心情への共感となり、気持ちが通っていきます。保育者も一緒に絵本や紙芝居の世界を楽しむことで、子どもの驚きや想像力がより感じられると思います。

③ 対話する力を育てるには

幼稚園教育要領の幼児期の終わりまでに育ってほしい姿（9）「言葉による伝え合い」には、「先生や友達と心を通わせる中で、絵本や物語などに親しみながら、豊かな言葉や表現を身に付け、経験したことや考えたことなどを言葉で伝えたり、相手の話を注意して聞いたりし、言葉による伝え合いを楽しむようになる」と記してあります。つまり、言葉による伝え合いの基礎として、「話す力」「聞く力」が重要であり、特に「自分の言葉」で自分の考えを表出することができ、やりとりする力を生みだすと考えられています。

また、「対話的な」学びとは単なるやりとりではなく、「こんなことを見つけた。だから〇〇だと思う」「〇〇もあるかもしれないけど、私は〇って思う」など、それぞれの感じ方や考え方を示しつつ、相手の考えも取り入れて自分の考えをさらに深めていくというようなプロセスがあるやりとりのことです。相手と自分は違う受け取りをしているとか、同じ考えだなどを内容を理解しながら会話していく力が求められます。大きな声の子どもや主張し続ける子どもの意見が取りあげられがちなので、子どもに任せつつも、会話の整理をしたり、上手にまとめたりすることが保育者に求められます。

5歳児の協働的な遊びの場面では、お互いの考えを出し合い、共感したり、反発しながら、お互いの考えを認め、譲り合って1つのものを作りだす、という姿が見られます。言葉を使って共通のイメージをもって活動する場面です。

事例 9-1　**グループの名前を決めよう**

　さくら組の24人が夏祭りでゲームをすることになった。6人ずつのグループに分かれ、クループの名前を何にしようか、を相談した。
　タツ：「恐竜のゲームにしようよ」

シホ：「今はグループの名前だよ」

タツ：「だからさ、恐竜の名前をつければいい」

シホ：「だって恐竜の名前は長いもの。呼びにくいよ」

ケン：「恐竜で、うそっこの名前はどう？」

タツ：「えーー、うそっこは嫌だ。長くても本物の
　　　名前がいいな」

ナオ：「恐竜の名前にするのは賛成だよ」

ケン：「じゃあ、恐竜の名前だね」（みんなうなずく）

ナオ：「コミネザウルス、はどう？」

　また（6）「思考力の芽生え」では、「（省略）　友達の様々な考えに触れる中で、自分と異なる考えがあることに気付き、自ら判断したり、考え直したりするなど、新しい考えを生み出す喜びを味わいながら、自分の考えをよりよいものにするようになる」と述べられています。自分の意見がいつも正しいわけでなく、時には取りあげられないこともありますが、相手の意見を聞いて納得し、自分の気持ちを納めることができるようになっていきます。子どもたちが辛抱強く相手の話を聞いたり、相手を否定しない態度を取るようになるには、辛抱強く気持ちや考えを聞き取る保育者の態度が重要です。

図9-1 言葉で表現する力の関連図

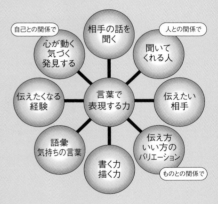

COLUMN　3歳未満児の言語表現

　話し言葉には、話すことを通じてコミュニケーションが豊かになり、他者理解が深まるという機能があります。3歳未満児の言語表現では、まずこのコミュニケーションの力を育てることが大切です。初期には、大人に目を向けたり、微笑んだり、手ざしをしたりする言葉にならない非言語的なコミュニケーションですが、そのうちに「ウーー」「アーー」などの発声を伴います。大人の方も、「ブーブーが行ったね」「バナナ食べたいね」など応答的な関わりをしていきます。

　指さしでほしいものやしたいことを伝えた

り、気にいった玩具を「あー」と言いながら大人に見せるようになります。「○○ね、かわいいね」などと返答され、"通じた感" 満載!! 大人と関わることに積極的になります。この頃には、体の中でいろいろ感じているだろうということが周囲の大人も分かるので、子どもが体験しているだろうことを「楽しいね」「散歩にいくよ。よいしょ、よいしょ、歩こうね」などと言葉がけをしていきましょう。子どもの体験や感動のとおりか、そうではないかは関係ないのです。「いっしょに」が大事で、子どもの外に向かって表現する力

の基礎を育てます。

　さて、写真の子どもは　何を表現している
でしょうか。「がおーー」「わーい」「あー」
ですか。正解は「パパのまね」です。パパが
「○○ちゃんーー」と呼んだとき、こんな顔
をしたらしく、気に言って「○○ちゃん」と
呼ばれると「はーい」の代わりに変顔をする
のです。言葉にはなっていませんが、「はーい、
○○です！」と言っているのです。

図 9-2　返事のつもり

STEP 2 ★★☆ 自分でやってみよう 言葉で表現する

① ワーク1「感動を言葉で」

　子どもが感じたことを人に伝えるときには、どのような気持ちで言葉を選んでいくのでしょうか。共通の経験をしていない人に、自分の感動をどう伝えるのかをやってみます。

①最近感動したことについて、ペアの人に話しましょう。3分間で話します。ペアの人は途中で言葉を話さず、頷くなどの表情で相手の話を「共感しながら聞いている」ということを伝えながら聞いてください。
②役割を交代してやってみます。
③感想を言い合います。
④次に、自分の好きな食べ物について話します。ペアの人は、共感的・肯定的な短い言葉を伝えながら聞きます。
⑤役割を交代してやってみます。
⑥感想を言い合います。
⑦③と⑥の感想を比べてみましょう。

② ワーク2「言葉のない絵本」

　言葉のない絵本（紹介）を探して、自分で言葉を考えながら読んでみましょう。絵葉書きや漫画でも試せます。写真やパンフレットを見せながら遠足に行く場所を説明するようなこともありますので、保育者がどのような言葉や表情で語りかけるのか、練習になります。

＜例＞
・『もこもこ』（谷川俊太郎／作、元永定正／絵　文研出版）を読んでみましょう。
・動物園のパンフレットを探し、子どもたちに分かりやすいように説明してみましょう。

STEP 3 ★★★ 保育の現場でやってみよう
言葉が「いきかう」経験を

---

① ワーク1「絵本を読んでみよう」

　最近はストーリーのある絵本以外にも、科学の絵本、写真の絵本、ダジャレの絵本、なぞなぞの本など、様々な絵本が出版されています。たとえば擬音だけの本があります。自分の表情を想像しながら、聞き手が面白がるように読んでみましょう。

＜例＞
・『だっだぁー』（ナームラミチヨ／著　主婦の友社）を読んでみましょう。

② ワーク2「対話を大切にした経験画の指導案」

　経験画を描くときに導入に話をする場面の指導案（消防車が来たね）を次のページに示します。予想する子どもの姿の欄に、子どもの反応・言葉を想像して書き足してみましょう。あなたが消防車に乗ったら、どんな経験をして、どんな話を伝えたくなるか考えてください。

部分実習指導案：

消防車がきたね

実施日 | 6 | 月 | 3 | 日 | 月 | 曜日 | 午後の活動
対象児 | 5 | 歳児 | 23 | 名（男 | 10 | 名／女 | 13 | 名）

【主な活動内容】
・午前中の体験についてクラスで感想を出し合う。
・経験画を描く。　・クレヨンと絵具を使って描く。

【子どもの実態把握】
・消防車の体験を楽しみにしていた。
・実際に乗せていただくときには張り切って運転席に座り、自慢げにしていた。
・消防車についているホースやはしごに興味をもって触っている子どももいたが、もじもじしている子どももいた。

【部分実習のねらい】
・午前中の体験について、感じたこと考えたことを自分の言葉で話す。
・友達の話を聞き、自分もそう思った等の同意を示す。一方で違うことを感じたら積極的に発言する。
・思いだしながら消防車体験の絵を描く。

時間	環境構成	予想される子どもの活動	保育者（実習生）の援助・配慮点
10分間	グループごとに座る。 子どもの発言を書いてみましょう	◎消防体験について話す ・「赤くて大きい」「普通の消防車とはしご車」「ホースが長くてでかかった」「前に見たことがある」と、見たことを言い合う。 ・「かっこよかった」「ヘルメットをかぶって、ホース運んでたね」「力持ち」「ホースがくねくね動いてびっくりしたー」 ・「火遊びはしないでねって言ってたけど、火遊びって？する？」 ・「中は広いよ」「椅子が高いからいろいろ見える、園庭とか」「ハンドルも大きい」「いろいろなものが車にあった」など、見たこと思ったことをそのまま話す。	◎消防体験について話す ・「午前中、お弁当の前に消防車が来ましたね」と話しかける。 ・「赤くて大きかったね」「2台も来てくれたね」等、子どもの言葉を繰り返しまとめ、次を促す。 ・「消防士さんのお話も聞いたね。静かに聞いていて、先生は感心しましたよ」（机の周りをまわりながら、子どもたちの言葉を拾って全体化していく） ・「夏に花火とかするでしょ？大人と一緒にやるんだよね」 ・「消防車に乗せてくれましたね」

5分間	子どもの発言を書いてみましょう	・「ヘルメットもかぶった。重いよ」	・「ヘルメットをかぶったお友達もいたね。重かったの？頑丈なんだね」
		◎絵を描く準備をする ○グループで自分は何を描くか話す ・「赤い車を描く」「長いホースを描こうかな」「運転席にする」	◎絵を描く準備をする ○絵を描くことを伝える ・「ではこれから、消防体験を絵に描きます。グループごとに紙を配るので、その間にグループの人たちと、自分は何を描きたいか話していてください」
		○紙をもらう	○紙を配る ・配りながら、どのような話をしているか聞いておく。 ・話が進まないグループには「○ちゃんはどう？」と個人的に促す。
		○何を描くか考えを発表する	○何を描くか、何人かに話を聞く（子どもの考えをまとめで全体化する）
30分間		・「そうだ！消防士さんを描く、ホースを持っているところ」「僕は車を描く、はしごのところ」	・「ホースを持っている消防士さんを描くのね」「はしごのついている消防車を描くんだって」
		◎体験したことを描き始める	◎描き始める ・子どもが画用紙に絵を描いている間に、絵具（背景を塗る）の準備をする。

図9-3 消防車の絵

[写真提供] 小田原市公立幼稚園、箱根町仙石原幼児学園

言葉を媒介とした表現遊び

言葉を媒介とした表現遊び

① 書くことへの道筋

　幼稚園教育要領 第2章保育内容「言葉」の領域では、「書くこと」や「文字」についてどのように記述されているでしょうか。「言葉」のねらいの（10）で「日常生活の中で、文字などで伝える楽しさを味わう」とあり、内容の取扱いでは、（4）に「幼児が日常生活の中で、文字などを使いながら思ったことや考えたことを伝える喜びや楽しさを味わい、文字に対する興味や関心をもつようにすること」と説明されています。子どもは、日常生活の中で様々な記号や標識になじみ、文字に親しみをもって、自分の中に取り入れようとしていきます。車の名称やナンバー、店の看板やお知らせ、ゲームの登場人物の名前、絵本などへの興味・関心が広がり、「これなあに？」「なんて名前？」「なんて書いてあるの？」などと聞いたり、それらしい形を書いたりして文字に親しんでいきます。わざわざ練習したりする時間を設けなくとも、遊びの中で文字を使う楽しさを基本に、同じ空間を共有しない人にも伝える方法として「書くこと」の意味を学び、文字を書いていきます。つまり、あえてワークで練習をするというような必要はなく、遊びを通じて文字を書きたくなる環境があれば、文字を使うと便利で楽しい、分かりやすいなどの経験を経て、自然に書くことが身についていくのです。

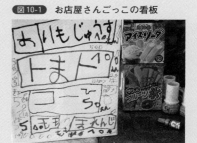

図 10-1　お店屋さんごっこの看板

② 書く力の基礎

　安村[1] は、読み書きを支える力は「音韻意識」「シンボルの理解」「形を認識する力」であると説明しています。
　まず1つめの「音韻意識」とは、言葉の「音（おん）」やかたまり、音の数を意識する力です。ひらがなという文字を読んだり書いたりするために、音節が分かり、音を分解したりくっつけたりして操作する力をいいます。「あ」のつく言葉探し、しりとりや友達の名前を反対から唱えるなどの言葉遊びを楽しむためには、この音韻意識が身についていることが必要です。

だいたい4歳の後半位から育つといわれています。

　また、2つめは文字が何かを表しているのだという理解です。「リンゴ」という字を見て、実物の赤い、丸い、おいしいリンゴを思い浮かべたり、「タツヤ」とう字を見てクラスのたっちゃんのことだと理解していきます。置き換える力や見立てる力がつくと、この対象を別のもので理解するということができます。ですから、〇をいっぱい書いて「お手紙」を書いたつもりになったり、線をたくさん書いて「メニュー」にしたりして書いたつもりになって遊びます。お店屋さんの写真にあるように、書けたつもりで書くことが楽しく繰り返されて、遊びと生活の中で書く力を育てます。

　そして3つめに、文字を書く力は形を認識し、描く力に関連します。なぐり描きをして「ブーブー」と命名したり、ぐるぐるの丸を「ママ」と言ったりする時期から、〇、□、△など様々に線を描き始め、絵に自分のサインを書いたりして、徐々に文字を書くことへ意識を向けていきます。子どもたちが文字を覚え始める頃、「鏡文字」と呼ばれる文字を書くことがありますが、自然に解消しますので、書き直させる必要はありません[2]。

図10-2　鏡文字

③　言葉を媒介とした表現「ごっこ遊び」

　言葉を意識して遊ぶ表現遊びには、短い時間でできる言葉遊び、絵本の読み聞かせ、紙芝居などもあれば、子どもたちが行う「ごっこ遊び」、そしてクラスで時間をかけて作りあげていく劇遊びなどがあります。子どもが始めた遊びに「〇〇ごっこ」と保育者が名づけて毎日繰り返し遊んでいるうちに、どんどん遊びが創作されていくと楽しいです。

絵本を再現する劇遊び

　『3匹のこぶた』『おおきなかぶ』『三匹のやぎのがらがらどん』『てぶくろ』『のせてのせて』『ブレーメンの音楽隊』などは、その物語の場面を再現して遊びやすい話です。繰り返しの面白さや登場人物が多く設定が分かりやすいこと、セリフの単純さなどがあり、発表会などの劇遊びとして面白い題材といえます。パネルシアターにもできますし、子どもが自分でペープサートにして遊んでも楽しいです。

図10-3　絵本の劇遊び。
お面をつけた子ども

生活を再現するごっこ遊び「おうちごっこ」

　3歳頃のごっこ遊びは、真似っこ遊びと見立て遊びの経験を基礎に、身の回りの出来事を再現する遊びが主です。エプロンをつけて母親になり、台所でトントンと野菜を切ったり、鍋で味噌汁を作ったり、ボウルと泡だて器でガシャガシャと泡立てたりして遊びます。まだまだ道具を操作することが楽しく、やりとりなどは少ないです。「ごはんですよ」「野菜を残さないでね」など、家族の口調をそのまま言うので、生活の様子が分かります。道具を使い自分がしていることに夢中なため、場所は同じところ（平行遊びという）でも他の子どもと一緒にというのはまだ難しいようです。保育者がテーブルを用意し、「そろそろ夕ご飯ですね」「みんなで食べましょう」「パーティーみたいだね」など場面設定をすると、それぞれが集まり食事の場面らしくなって、次の場面につながっていけます。

仕事や出来事を再現するごっこ遊び

　生活場面の再現から興味が外に広がり、身の回りの自分の経験を再現して遊びます。電車ごっこ、病院ごっこ、お店屋さんごっこ、コンビニごっこなど、好きなものや好きな活動を再現します。ピザ屋さん、アイス屋さん、宅急便屋さんなど、行ったことのあるお店を思いだし、「ピザ釜があった」「トッピングっていう」「抹茶がブームだって」など自分で場面を設定し、決まったセリフや道具、衣装などを作り、それらしい役割になって振るまいます。

　保育者はイメージを聞き取り、時には一緒に役になりきって会話をしながら、お店の場面らしくしていきます。造形的な活動でもあるため、材料の準備や場所の確保などの環境を整えます。お店の準備ができたら、お客さんを呼び、招待したりして遊びます。

　この頃のごっこ遊びでは、暗黙の了解のようなものがあります。たとえば、母親役のセリフやお店屋さんの言葉がけなど、こういうことが求められているというように話します。お母さんは優しい言葉をかけるとか、家事をするなどです。お店屋さんは威勢よくお客さんに声をかけるなどの姿があります。

　また、お祭りなどの体験が太鼓遊びや盆踊り、獅子舞遊び、おみこしなどにもつながります。しかし、場面を共有していない相手に自分の経験を話すことはまだ難しいことです。「うーんとね、昨日、どっかの神社？にママと行って、なんだっけ、怖いやつ、ガオーって」「神社？お祭りだったの。怖くてガオーって、獅子舞？」「そう獅子、赤いの、でっかくて。じいじが、ドーンって太鼓をやってた」「獅子は赤いのね。太鼓もドーンて聞こえたのね。じいじはかっこよかったね」「うん、家でも練習してるよ。僕も太鼓に触ったことあるし」。この後、帰りの会でお祭りと獅子舞、太鼓の話をします。

　感激したことを聞き取り、整理して話ができるように、保育者は聞き上手になりましょう。子どもの話を繰り返しながら、キーワードを押さえて、次の話が出やすいように聞きます。また、先走って（「お祭りごっこをやれるといいな」などを期待し）「○○作る？」などを提案しないで、まずは子どもたちの経験の再現を具体化できるよう援助する必要があります。

豊かな経験をすると、その経験を再現したくなりますし、そこから自発性や創造性が生まれます。

事例10-1 旗を作りたい

　K幼稚園では、保護者の知り合いから吹奏楽団を紹介してもらい、園児と保護者がマーチングバンドを見せてもらうことになった。子どもたちは、迫力のある音楽ときびきびしたマーチングの動きに息をひそめ、じっと見つめて拍手喝采だった。

　次の日、普段あまり製作をしないケイが「旗を作りたい」「昨日かっこよかった、やってみたい」と言いだし、マーチングの旗を作ることになった。「旗を振って歩くんだよ」「回さないと」などの案が出たので、紙や布、模造紙、不織布など、いくつかの素材を出し、布で作ることにした。

　また、「ごっこ遊び」というと、ＴＶでのアニメの影響でプリンセスやヒーローになりたがることもあります。登場人物の人物像がはっきりしているので、子どもが遊びやすい題材かと思います。ストーリーの展開を楽しむというよりは、プリンセスやヒーローになっていることが楽しいようです。

言葉でイメージを共有して遊ぶ。遊びを創る

　子どもたちは、自分の経験から楽しかったことや真似してみたいことなどを好きな遊びの中で実現していこうとします。前述のお祭りやマーチングなどのように、経験した子どもが遊び始め、だんだんと周りの子どもも興味をもって参加していくというようなプロセスを経ると、小グループの活動やクラス全体の活動に広がりやすいです。

事例10-2 おばけ屋敷ごっこ

　去年、納涼大会で年長さんがおばけ屋敷を企画し、そこに行ってみた経験（たぶん怖かった）が印象に残っている子どもが「今年もやりたい」と言い、傘おばけを作り始めた。古い傘を探し、赤い紙で覆って、一つ目を描いた。作りながら、部屋の中で傘を開いたり閉じたりするので、興味をもった子どもが「キャーッ」や「怖くないもん」などの反応をした。むきになり「よーーし、もっと怖くするぞ」と力んで、大きな一つ目小僧を作り始めた。

グループで、あるいは皆で活動するためには、「怖い」という言葉やお客さんという言葉のイメージを、一人一人出しながら共有して具体化していく必要があります。

　どんなおばけを作ろうか、脅かすための工夫、（でも）泣いたらどうする、入口や通路・出口はどうする、だれがお客さんになるなど、それぞれの考えを出します。自分の考えをまとめて話す力、友達の意見を聞く力、意見を聞いてまた自分の考え（考え直し）を言葉で伝える力が必要な場面です。保育者が話し合いに参加し、まとまったことを紙に書いて確認しながら進める援助の仕方もあります。

図10-4　おばけ屋敷

事例10-3　予約してください

子ども：「おばけ屋敷です」
子ども：「見たい人は予約してください」
お客さん：「予約って何ですか？」
子ども：「名前を書くんです」
子ども：「次はミヤガワさんどうぞ、って呼びますから。待っていてください」

　創作的なごっこ遊びは、言語で表現する力を基礎としながら、音楽表現や造形表現、身体表現と関連し、総合的な遊びになっていく遊びです。あくまでも子どもの日常の興味や関心が膨らんでいく過程を大切にします。保育者の誘導や設定が多いと、やらせる保育になりがちです。保育者が保育を動かしていかないようにしましょう。

STEP 2 ★★☆ 自分でやってみよう
言葉を介した遊び

① いろいろな言葉遊び

いろいろな言葉遊びを探してみましょう。

図10-5 「い」のつく言葉さがし

・「あ」のつく言葉さがし

　　ことばの最初に「あ」のつく単語を探します「あめ」「あひる」「あらし」など。

・反対言葉

　　対になる言葉を探します。「おおきい」「ちいさい」「ひろい」「せまい」など。

・伝言ゲーム

　　グループ別に列になり並びます。保育者が一番前の子どもに「すいぞくかんにはアシカがいますよ」と伝えて、次の子どもに伝言していきます。最後の子どもが声に出して聞いた話を発表します。

・ダジャレ

　　「キウイ　うきうき　うきわで　およぐ」「バナナは　なんばん？　ななばんよ！」「マンゴーの　まご　まごまご　まいご」「びっくりした　クリ　めを　くりくり」[3)]

・ものの数え方

ひと	○にん	ホウレンソウ	○わ	
小さな動物	○ひき	はし	○ぜん	
大きな動物	○とう	握りずし	○かん	など
鉛筆	○ほん、○ぼん			

② ごっこ遊び

　幼稚園や保育所で行った「ごっこ遊び」について、印象に残っていることを書きとめましょう。どのような遊びを、誰と、どんなふうに遊びましたか。グループで話してみましょう。

STEP 3 ★★★ 保育の現場でやってみよう
週日案を書いてみよう

次のページのおばけ屋敷作りの週日案を参考に、週日案を書いてみましょう。

指導計画案（週日案）「おばけ屋敷作り」

5歳児　さくら組　在籍（男児10人／女児13人）出席
6月第2週の週日案（6月3日～6月7日）

＜先週の姿＞	＜今週のねらい＞	＜環境構成＞
・月曜日の消防体験を楽しみにしている。 ・車や電車に興味があり、高速道路を作ったりして遊んでいる姿がある。 ・おばけ屋敷を作ろうとおばけの本を探し、参考にしながら傘おばけを製作している。 ・ダンスが好きで、曲に合わせ振りつけをして練習している姿がある。	・体験したことや考えたことを言葉にして伝え合う。 ・友達とイメージを共有し、相談しながら遊びを展開する。 ・天気のよいときは外で元気よく遊ぶ。 ・室内では時間の見通しをもって遊ぶ。	・好きな遊びが思いきりできるようにコーナー設定を行う（ダンスの組はホールで遊ぶ）。 ・製作物などを置いておく場所を固定し、子どもたちが準備や片付けがしやすいようにする。

週の流れ

1日の流れ	6/3（月）	6/4（火）	6/5（水）	6/6（木）	6/7（金）
	好きな遊び ・車や電車 ・虫図鑑 ・おばけ屋敷 （おばけ作り、おばけ屋敷作り、招待状作り） ・ダンス（振りつけ、衣装作り、小道具作り） 消防体験	（ホールで）	ショーを行う		年少と合同
行事等	・消防体験（AM） ・経験画（PM）		・おばけやダンスの進捗をクラスの友達に見せる。		・年少組をおばけ屋敷に招待する。 ・好きな虫の絵本を紹介する。
反省					

小田原市公立幼稚園の活動を参考に著者作成

【引用文献】
1）2）安村由希子「書き言葉の発達と保育」馬見塚昭久・小倉直子（編著）『保育内容「言葉」指導法』ミネルヴァ書房 ,2018, p.93
3）石津ちひろ（文）・山村浩二（絵）『くだもの だもの』福音館書店 2006,p.4-5・6-7・10-11・16-17
【写真提供】
小田原市公立幼稚園、箱根町仙石原幼児学園

PART

3

季節を踏まえ、
保育における表現活動を
総合的に展開しよう

始まりと出会いを創る
～春の保育活動～

1 春のイメージ

《1》 春の生活や自然

　日本の幼稚園・保育所・こども園などは、4月から新しい年が始まります。この時期、春といえば、桜。「入園式に桜が咲いているといいね」と、人生の節目の式を満開の桜の下で感じられることは、多くの親子にとって喜びです。また、林ではタケノコがぐんぐん伸びたり、畑ではソラマメが天に向かって育つなど、植物の伸長も感じられます。春というと、「読み方は、万物が"発る（発する）"からという説が有力ですが、草木の芽が"張る"、天候の"晴る"、田畑を"墾る"などの説もあります」[1) 2)]というように、生命が伸び行く時期です。

　春の穏やかな日差しを浴び、散歩に出かけ、伸びやかに育つ植物や流れる水の音などを感じてみましょう。

《2》 春の連想語

　子どもたちと一緒に楽しい活動を創るために、春という言葉から連想するイメージをたくさん書き留めましょう。

表11-1　春のイメージ

生活	自然
花見・花まつり・（　　　　）・エイプリールフール・イースター・入園式・新入生・種まき・（　　　　）・八十八夜・（　　　　）・みどりの週間・こどもの日・植木市・菖蒲湯・（　　　　）・春の交通安全週間・母の日・（　　　　）・父の日・梅雨・摘草・ハイキング・衣替え・（　　　　）・甘茶・桜餅・（　　　　）	桜・しだれ桜・（　　　　）・（　　　　）・つくし・（　　　　）・木の芽・タケノコ・クロッカス・（　　　　）・（　　　　）・虫・（　　　　）・（　　　　）・春雨・さつき・しょうぶ・（　　　　）・ホタル・ツバメ・（　　　　）・イチゴ・アジサイ・アスパラガス・カタツムリ・カマキリ・（　　　　）

2 年度の始まりと出会い ～春～

《1》 環境を創る

　幼児期の教育は環境を通して行うことを基本としています。保育の環境には物的環境・人

的環境・自然や社会事象などがありますが、環境はそこにあるだけでは保育の環境としては機能しません。保育者が意識して保育を計画することを通して、子どもが主体的に関わりたくなる環境が生みだされていきます。環境はあるものではなく創るものといえます。

また、1日の流れの生活の中で、子どもが体験する事柄は様々です。多様な体験を積み、今ここでの時間と場所を共にする友達や先生、環境としてある玩具やものなどと、主体的に関わりながら日々を送ります。そのときそのときが大切ではありますが、「日々の積み重ねでもある年間の見通しも大切」[3]です。また、保育者も「子どもの発達についてや活動の方向についても、保育者は適切な見通しを持って臨むことが大切」なのです。「子どもの発達に沿って考えていく保育内容の進展や深まりは、発達の全体像をとらえながら、具体的にどのような遊びを作りだしていくのかの可能性を考え、保育者が用意する環境によって創られていく」ものです。

子どもが主体的に関わりたくなる環境は、保育者の計画や意図をもつ環境の構成がもとになっています。「環境は創るものである」と考えると、園の周囲の自然環境や季節の変化もあるだけでなく、積極的に利用していく必要があります。また環境としての保育者がどのような存在として子どもと共にあるか、という視点も重要です。

さて、年間の保育の始まりである4月から6月は「春から初夏」の季節です。この時期の特徴は「新しい始まり」と「出会い」「伸長」ではないでしょうか。新入園児の新しい環境との「出会い」、進級した在園児の「新しい環境・友達との出会い・活動との出会い」、さらに植物の芽吹く自然との出会いなど、「人と、ものと、自分と出会って」保育が展開していきます。その中で成長した自分を感じ、新たに伸びゆく力を自らが蓄える時期といえます。

《2》 自らが育つ力

倉橋惣三は「5月」と題し、次のような文を書いています[4]。

「なんというすばらしい生育の力であろう。田に畑に、野に庭に、むくむくと萌え出る若芽の、伸びて伸びてゆく勢いは、日に日に目を驚かすのである。しかも、それに劣らないのは、こどもらの活力の伸長である。毎日その中に倶に居ながらも、日々の新しい目をみはらせられることばかりである。伸ばそうとするばかりでなく、伸びるのを待っているばかりでなく、現に目の前に斯うまで伸びゆくのを驚く心。――それが五月の心であり、また教育の心である。」

また、5月の日光という文章もあります[5]。

「むくむくとして自然のいのちの盛りあがる土に、草も木も、生育の力に張り切っていないものはない。しかも、盛り上がる土のいのちに晴々と笑みかけて、一切の生育を思いのままに遂げさせているものは、五月の日光である。

うっとりして蒸し育てる春の日でもなく、厳しく促し立てる真夏の日でもなく、ただ自ら

に明るく、自らに爽やかに、ひろびろと打ち広がっている五月の空である。その下にこそ、若葉も闊達の意気を与えられ、若芽も進歩の気力をのびのびとさせられている。

　強いて育てるのでもない。厳しく励ますのでもない。ただ自らわだかまりなき明朗さにおいて、育つものを育たせているのが、五月の日光である。」

　これらの文章は、自然のあり方に保育者のありようを重ね、示唆したものだと感じますが、年度の始めのこの時期の子どもたちと保育者の様子が鮮やかにイメージできると思います。

《3》 3・4・5歳児の生活の始まり

　では、子どもたちが生活の中で、どのような経験を積み重ねているのか、始まりの時期の保育の様子を見ていきます。

　各月の保育について、分かりやすい文章がありますので、ここでは4月を紹介します。

　4月の保育内容　【日本では4月は新学期の始まりです。新しい環境になじみ、保育者や友達と一緒に楽しい園生活が送れるような温かみのある環境をつくりましょう。また、4月は様々な草花が芽吹き、生き物の生まれる時期です。自然との関わりを楽しむ中で生命の不思議さに触れ、その大切さを感じられるようにしましょう。】[6]

❶ 3歳児　新しい場所と出会う 〜安心して過ごす、自分らしく〜

　3歳児保育の幼稚園に入園した子どもたちは、家庭から園という集団生活の場に入ります。ある意味で社会へ一歩踏みだしたといえます。それまでの家庭での生活とは異なり、新しい場所で、新しい大人（保育者）や友達と出会い、新たな関係を築いていくことになります。まず、安心して自分の居場所としての園での生活に臨みます。そこでは、「ぼく」「わたし」という自分を確認することが当初の課題となっていきます。

事例11-1　ぼくの、わたしのマーク

　3歳児さんの入園を前に、担任は一人一人の名前と顔を思いだしながら、子どものマークを決め、目印としてロッカーや椅子、靴箱などに貼っておく。

　4月に入園して、「僕のマークはテントウムシだ」「私のマークはウサギさん」など、自分だけのマークを喜び、マークを手がかりに、「自分のロッカー」「自分の靴箱」などが分かり、安心して過ごせる場を広げていくことができる。

　安心できる場所ができると、次は「ままごとが好き」「粘土をやろう」など、好きな玩具や遊びを手がかりに生活するようになります。そして、保育者との関係を築き、「M先生、

おはよう」「M 先生、昨日ね……」など、安心して保育者に関わり、自己表現していきます。「幼稚園は楽しいところだ」と分かって、遊ぶこと楽しみに登園できるといいでしょう。

❷ 4 歳児　大きくなった自分と出会う ～友達と一緒に～

4 歳児になると、友達を意識し、一緒にやりたい、同じように上手になりたいという気持ち、「ぼくも」「わたしも」という気持ちが育っていきます。3 歳児の 1 年間の生活をもとに、新しいクラスの友達と出会い、自ら率先して行動していきます。そして、友達と一緒に活動することの楽しさや難しさを感じていきます。

> **事例11-2　2 階になった**
>
> K こども園は、1 階が乳児クラスと 3 歳児クラス、2 階が 4 歳児・5 歳児クラスの教室になっている。リュウは今年から 4 歳児のゆり組になり、1 階から 2 階に教室が変わった。今まで遊びには行っていたものの、自分の教室になることは大きな変化だ。4 月になり、玄関で父親にさようならをした後、毎日階段を自分で上って教室に入る。何だか急に大きくなった気分、はりきって支度も自分でこなすようになった。今日は、クラスの中を 4 つのグループに分け、名前を決めることになっている。リュウは「ヒーロー」の名前がいいなと意見を言った。

❸ 5 歳児　課題と出会う ～協働する～

5 歳児になり、就学を控えての 1 年間の始まりです。自分たちが年長さんであることを誇りに、はりきって園の活動に積極的に関与していきます。年少さんと手をつないで散歩に行ったり、話し合いの場面や役割を担って協力し合うなど、集団での活動が増えていきます。

> **事例11-3　お当番**
>
> 5 歳児になって最初の日、担任の H 先生が「さて、今日からみなさんが K こども園の年長さんですね。年長のさくら組さんはこの園のリーダーさんたちですよ。ですから、いろいろなお仕事をするお当番さんとして活躍してもらいたいです。どんなお当番さんが必要ですか？園のみんなの役に立つようにお当番を考えてみましょう」と、子どもたちに投げかけた。子どもたちは、「給食当番」「水やり当番」「ミミちゃん（亀）当番」と、活動をイメージしながら当番をあげていった。

平成 30 年度から施行の幼稚園教育要領・保育所保育指針・幼保連携型認定こども園教育要領では、生きる力の基礎を育むための資質・能力について 3 つ示し、また、幼児期の終わりまでに育てたい 10 の姿をあげています。5 歳児クラスの遊び方の特徴として、協働して遊ぶということがあげられます。話し合いをしたり、場面ごとに相談したり、決まりを自分たちで作ったりして、言葉を媒介に共通意識をもって遊びます。子ども一人一人が自発的に思いや考えを伝え合うことが、協働的な活動をより活発にしていきます。

《4》 出会いの演出 ～季節を取り入れよう～

　保育内容を展開するときは、保育者の環境構成が重要です。季節を先取りした壁面を製作する、絵本を入れ替える、季節の行事に関する展示をするなど、環境のさりげない伏線として準備する必要があります。環境は創るものだからです。

　このような準備は舞台の「演出」に似ています。現代では、生活の中で季節の変化への実感が薄れていますので、園では特に意識して、環境に取り入れましょう。

事例11-4　保育園へようこそ

　I 保育園では、玄関ホールの展示や掲示に季節感を出すように心がけている。入口には近所の農家の方がもってきてくれた季節の野菜や果物を置き、季節の花を生けている。また玄関ホールを絵本のコーナーにしており、その月の自然の本や親子で読んでほしい本を展示している。

　4 月は新入園児がいるため、あらかじめ撮っておいた子どもの写真を使って、「I 保育園にようこそ」の看板を作った。カオリは、毎朝、自分の写真とマークを確認し、「コアラ組だよ」と言いながら、自分の部屋に登園してくる。

《5》 この時期の活動計画（案）

　4 月、5 月、6 月の活動事例を年齢ごとに紹介します。

❶ 園探検　3歳児

PART 3 第11章

> **事例11-5　園内探検**
>
> 　3歳児が入園して1週間、自分の教室が分かったところで、園の1階の「探検」に出かけることにした。6名ずつ一組になり、T1（保育者がチームで保育に携わるとき、T1、T2、T3などと役割分担する。T1とは集団の方向性を示す役割を取る保育者）が先導して、クラスの部屋→ホール→職員室（園長先生の部屋）→給食室とまわってくる。
>
> 　写真を見せながら、「ホールでは○○するよ。入園式をやったね」「職員室は園長先生がいるよ。入るときは「失礼します」って言おうね」「給食やおやつは給食の先生が作ってくれるよ」などと説明する。園長先生や給食の先生に挨拶をすると、「大きな声で挨拶してくれてありがとう」と言われ、子どもたちの声はさらに大きくなった。

　「探検」という言葉の響きには、わくわく、ドキドキ感があります。活動のネーミングが重要で、保育者のセンスの見せどころです。2人ずつ手をつないで一列になり、保育者の後をついて園をゆっくりまわっています。トイレットペーパーの芯で作った望遠鏡を持っていったり、探検した場所でシールをもらったりすると、より「探検」が面白くなるでしょう。人数が多いと一人一人の表情や理解の様子が捉えにくいため、この事例ではT1が6名ずつ連れて交代で探検に出かけています。

> **事例11-6　お客さんになった**
>
> 　3歳児が入園して1か月が経った。園の生活にも慣れたところで、2階の4歳児・5歳児に教室に招待され、遊びに参加することになった。お招きされて、お店屋さんを訪れ、お客さんの役で「ごっこ遊び」に参加した（指導案 p.147）。

　朝の活動が終わり、排泄・手洗いをして、出かけるときには帽子をかぶり、廊下に並ぶという流れを理解し、身についていきます。保育者が声をかけますが、自分でも見通しをもてるように「次な何かな」などの声をかけましょう。3歳児の生活では同じ手順で繰り返し体験していくことで、1日の流れが分かって、今するべきことに取り組めるようになります。

❷ 散歩に行こう　4歳児

　散歩はただ天気がよいから出かけよう、体を動かそう、というものではなく、その日その日の「ねらい」をもって、自然と出会ったり、地域の生活を経験したり、社会に関わっていく活動だといえます。ねらいに即して、ルートを考え、下見をする必要もあります。

事例11-7　**春の自然を探しに散歩に出かける**

1）お花見に行く
　　川の土手に桜並木を見に行く。桜並木の絵を描く
2）春の自然を探す
　　園→小学校の横を通り、老人施設に挨拶して庭を一周させていただく→郵便局→バス停→お寺を一周して鯉に餌やり→園に帰る
3）地域の人と出会う
　　園→駐車場→内科小児科医院→レストラン（庭を見せていただく）→散歩道→八百屋さん（Rの家）→陶芸屋さん（Iの家）→花屋さん→園に帰る

　散歩後は、地図を見ながら気づいたことを話します。保育者は子どもの発見したことを地図に書き込んでいきます。「白い花が咲いてた」「何の花かな？」「畑だよ」「ダイコンかな」「写真を見て調べてみよう」「○○寺に花の寺と書いてあった」「桜が咲くからかな」「鯉が大きかった」「いろいろな色だったね」「太ってたよ」など。散歩中につぶやいていた言葉を拾い、「○ちゃん、何を見つけたんだっけ？」「タンポポ」など、投げかけて話を広げていきます。

図11-1　散歩マップ

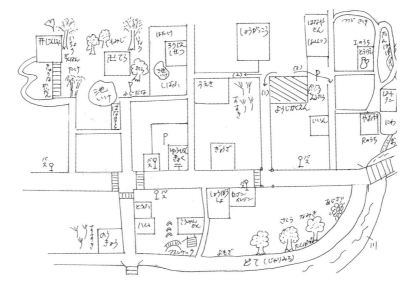

❸ 誕生日会の行事案　5歳児

　4月、5月の誕生日会は保育者が企画・運営して行いました。しかし、6月には年長さんの対象児がいないため、年長さんに役割を担ってもらおうということになりました。保育者から司会やプレゼントを渡す人、全員での出しものなどの案が出て、ちょうど納涼大会の活動のきっかけにもなるだろうと職員会議で考え、年長組に投げかけることになりました。その話し合いをもとに、行事の指導計画を立案しました（行事のプログラム案. p.148）。

事例11-8　6月のお誕生日会

　　6月のお誕生日会について担任の保育士から提案をした。

保育士：「6月の誕生日会には、年長さんに活躍してほしいんだけど、お手伝いしてくれますか？」

子ども：「何やるの？」

子ども：「誕生日はいないの？」

子ども：「あ、いないね」

保育士：「何をやるかは決まっていないので、考えてね。お弁当の後に話をしようね」

子ども：「さっきの誕生日会だけど、歌がいいな」

子ども：「カエル？カタツムリ？クマ？」

子ども：「ほら、去年、年長さんが教えてくれた『虹』はどう？」

子ども：「手話もやる！」

子ども：「足をこうしてさ（横に出して）、手を振るんだよ」

子ども：「かっこよくできるかなぁ」

子ども：「司会は〇ちゃんがいいんじゃない。最初に6歳になったし」

子ども：「プレゼントは、年少さんや年中さんと仲よしの子が渡したら」

子ども：「メダルもあげる？」

子ども：「折り紙で作れるね。キンキラにする？ピンクにする？」

子ども：「何個作るの？」

新沢 としひこ　作詞
中川 ひろたか　作曲

やさしい気持ちで

1. に わ の シャベル が ー　い ち に ち ぬれて ー　あ め が あがって ー　くしゃみ を ひとつ ー
2. せ ん た く もの が ー　い ち に ち ぬれて ー　か ぜ に ふかれて ー　くしゃみ を ひとつ ー
3. あ の こ の えんそく ー　い ち に ち のびて ー　な み だ かわいて ー　くしゃみ を ひとつ ー

く も が ながれて ー　ひ か り が さして ー　み あげ て みれば ー　ラ ラ ラ

に じ が にじ が ー　そ ら に かかって ー　き み の きみの ー　き ぶん も はれて ー

きっ と あした は ー　い い てんき ー　きっ と あした は　い い てんき

部分実習指導案（3歳児）

主な活動：2階に出かけ、お客さんになる

実施日：5月8日　金曜日
対象児：3歳児15名

【 主な活動内容 】
・4、5歳児のごっこ遊びにお客さんとして参加する。
・2階にあがって、ごっこ遊びを楽しむ。

【 子どもの実態把握 】	【 部分実習のねらい 】
・園の生活に慣れ、好き玩具や遊びを見つけ、楽しんでいる。 ・外遊びのときに年長さんたちの遊びにまじり、一緒に体を動かしながら遊ぶ姿が見られる。 ・園内探検で2階の各部屋の様子が分かり、行動範囲が広がっている。 ・2階の絵本コーナーなどに興味をもっている。	・お客さんの役をし、年長さんたちとの活動を楽しむ。

時間	環境構成	予想される子どもの活動	保育者（実習生）の援助・配慮点
10:00	◎5歳児（さくら組）が迎えにくる	◎集合 ・排泄・手洗いを終えた順に、廊下に並ぶ。 ・カラー帽子をかぶり順番に並ぶ。 ・さくら組さんと手をつなぐ。 ・相手がはっきりしない子どもがいる。 ・年長児と一緒に2階へ。	◎集合 ・排泄・手洗いを終えたら、廊下に一列に並ぶように伝える。 ・カラー帽子をかぶるように言う。 ・「さくら組さんが迎えにきてくれたね」 ・「手をつないでもらおう」とペアになるよう組む（年長に任せるが安全に注意）。
	◎お店屋さん	◎お客さんになる ・5歳児の部屋に入り、お店屋さんをまわる。 ・入口でチケットをもらう。 ・「これください」「2つほしい」「（アイスをもらい）おいしい」など、お客さん役を楽しむ。	◎お客さんになる ・お店屋さんに参加しにくい子どもと一緒にお客さんになって買い物をする。 ・「チケットを出してね」 ・「素敵な入れものだね。ありがとう」など、お客さんのモデルを示す。

	◎部屋に戻る	・お店で買ったものを見せ合う。「まだ焼き鳥を買ってない」	・「次は焼き鳥屋さんだね、おいしそう」と、全てまわれるように声をかける。
		◎買ったものをもって、クラスの部屋に戻る	・「買いものが終わったら、お部屋に戻りましょう」
		・買ったものを見せ合う。	・「お店屋さんでは何を買ったかな」と具体的な事項から始め、感想を聞いていく。
		・「アイス、チョコ味」「焼き鳥、大きいの」「キンキラのアクセサリーもあったよ」	
		・「面白かったね」「年長さんはかっこいい」「階段はどきどきした」「私も作りたい」など、自分の感じたことを言い合う。	

部分実習指導案（5歳児）

主な活動：6月の誕生日会 行事の案（プログラムを中心に）
実施日：6月19日　水曜日　10：30～11：30 対象児：5歳児

【ねらい】（園全体のねらい）

・6月に誕生日を迎える子どもを祝う。大きくなったことや健康で楽しく園にきていることなどをみんなで喜び合う。

・6月は年長さんが司会をする、お祝いを渡す、歌を披露するなど、役割をもって参加する→7月の納涼大会への動機づけになるかもしれない。

・6月の季節が感じられる内容とする。

【事前の準備】（保育者）	【環境図】
・プログラムを決定 ・お祝いの準備（カード、プレゼント） ・保育者の役割分担（出しものなど） ・クラス便りに日時をのせる ・年長クラスは誕生日会に向けて話し合い、準備 ・写真	・雨の季節に親しむ。 ・友達と協働して誕生日会を作る。

時間	プログラム	内容（セリフ）	備考（役割分担等）
10:30	開会	・「誕生日の人が入場します。拍手をしてください」 ・誕生日の子どもが入場。	・ピアノ：スズキT （「あめふりくまのこ」） ・司会：マオ、ミキ

10:35	誕生日の人紹介	・「6月の誕生会を始めます」 ・「6月の誕生日の人は、ハヤト君、トラノスケ君、ハルミさん、ケイコさんです」(拍手)	・ケーキを運んでくる(オオタT)。
10:40	園長先生の言葉	・園長先生からお祝いの言葉。	
10:50	お祝いを渡す	・年長さんが「おめでとう、○さん」と名前を言って、カードとプレゼント渡す。 ・一人一人に拍手。	・ハヤト─サキ ・トラノスケ─ミナミ ・ハルミ─マドカ ・ケイコ─サツキ
11:05	インタビュー	・一人一人に「好きな食べもの」と「大きくなったら何になりたいか」を聞く。	・聞く人:マオ ・マイク:ミキ
11:15	絵本の読みきかせ	・大型絵本『おじさんのかさ』	・オオタT
11:25	年長さんの歌	・年長さんが前に出て、「にじ」を手話で歌う。	・ピアノ:スズキT ・指揮:サトウT
11:30	閉会	・「これで終わります」 ・誕生日の人は「ありがとう」と言い、自分の席に戻る。	

評価と省察

[引用・参考文献]
1) 萌文書林編集部『子どもに伝えたい年中行事・記念』萌文書林 ,2015,pp.1〜46
2) 神蔵幸子・中川秋美『保育を支える生活の基礎』萌文書林 ,2018,pp.16〜21
3) 神蔵幸子・宮川萬寿美(編著)『生活事例からはじめる保育内容 総論 第3版』青踏社 ,2015,p.15
4) 倉橋惣三『育ての心(上)』フレーベル館 ,2008,p.61
5) 倉橋惣三『育ての心(上)』フレーベル館 ,2008,p.62
6) 神蔵幸子・中川秋美『保育を支える生活の基礎:豊かな環境のつくり手として』萌文書林 ,2018,p.16
7) 五味太郎(絵)、新沢としひこ(作詞)、中川ひろたか(作曲)、増田裕子(ピアノ譜)、クニ河内(編曲)『絵本 SONG・BOOK5 あしたがすき』クレヨンハウス ,1992,p.15
文部科学省「幼稚園教育要領」2018
厚生労働省「保育所保育指針」2018

PART 3 ― 第11章

イメージから表現へ
～夏を楽しもう～

1 ▸ 夏のイメージ

《1》 夏の生活や自然

　太陽が照りつける夏は、自然や生き物、日々の生活が活気に満ち躍動感にあふれる季節です。もくもくと湧きあがる入道雲をのんびり眺めているときに突然のにわか雨に見舞われたり、深い森に分け入るとカブトムシやクワガタが生息し、セミの声も賑やかに耳に届きます。夏の食べ物といえば、流しそうめんやかき氷、スイカを思い浮かべ、目にも涼しげで食感も楽しめます。夏は子どもにとってもウキウキするような楽しい出来事があふれています。海水浴やプールでの水遊び、園の中庭で朝顔を育てたり、草原での虫取りなども体験してみたいことですが、現代の子どもたちは夏の風物詩や生き物、行事に触れる機会が少なくなっているかもしれません。夏ならではの遊びや生活を楽しむために、視覚や聴覚からも夏の雰囲気を満喫できるような工夫を保育者は心がけましょう。

《2》 夏の連想語 ～子ども理解のきっかけとして～

　子どもたちが楽しい夏の表現を体験するために、保育者自身も柔軟な思考で"夏"から連想するイメージ（夏といえば？）をできるだけ多く想い浮かべてみます。子どもの創造性豊かな感性を育むためにも、保育者自身が発想を拡げ想像力豊かにふくらませてみましょう。子どもが思いつきそうな事柄だけにこだわらず、皆さんの発想で構いません。夏フェスなど等身大のイメージを浮かべ、難しく考えずにどんどん書きだしてみることがポイントです。正解・不正解はないので前後の語句の関係性など気にせず思いつくままに記入してみましょう。

表 12-1　夏のイメージ

生活	自然
流しそうめん・生ビール・冷やし中華・かき氷・スイカ・トマト・枝豆・（　　　　）・（　　　　）・蚊取り線香・虫刺され・扇風機・風鈴・クーラー・盆踊り・BBQ・夏祭り・金魚すくい・お化け屋敷・花火大会・（　　　　）・浴衣・ビーチバレー・麦わら帽子・（　　　　）・ビーチサンダル・（　　　　）・スイカ割り・海の家・（　　　　）・夏休み・ラジオ体操・（　　　　）・甲子園・富士登山・（　　　　）	青空・ゲリラ豪雨・夕立ち・入道雲・（　　　　）・朝顔・（　　　　）・波・貝殻・砂浜・（　　　　）・カモメ・（　　　　）・さんご礁・いそぎんちゃく・（　　　　）・（　　　　）・クラゲ・（　　　　）・カエル・（　　　　）・（　　　　）・（　　　　）セミ・カブトムシ・トンボ・ヤシの木・（　　　　）

空欄に連想語（単語）を入れられましたか。たとえば、夏の行事で“夏祭り”と思いつくと盆踊りや金魚すくいも頭に浮かび、“浜辺”からはビーチバレーやスイカ割りが関連づけて浮かぶかもしれません。Ｊポップで夏の曲なら TUBE、湘南乃風でしょうか。食べ物の連想もしてみましょう。“流しそうめん”と“冷やし中華”ときたら“枝豆”“冷やしトマト”とおつまみになりそうなものも次々に浮かびます。皆さんの「思考のウォームアップ」と考えてください。このような順番やルールを定めずに大雑把に頭に浮かんだものを書きだしていく作業は、子どもが思いついたらすぐに口に出すことや思ったまますぐに動きだしたりする言動を理解するきっかけにもなります。

図12-1　水遊び（童心にかえって）

2 夏と子どもの表現

《1》 “表現”への入り口 ～表現の“種”をまく～

　季節を先取りするように梅雨の頃にはもう盛夏のコマーシャルが TV に流れ、電車の広告や街にある“夏”のイメージが写真や映像から目に入ってきます。直接自然に触れる機会が少なくても、生活の中に現れる“夏”を子どもと一緒に楽しめるように、保育者は季節に敏感にアンテナを張り巡らせて、子どもと一緒に自然観察をしましょう。実際に海に行けなくても、大波に乗るサーファーの写真を見て海の迫力を感じたり、サーフィンというスポーツに興味をもつことができます。季節の食べ物や天気、生き物など興味のもてる題材を投げかけて保育者も一緒に表現してみると、生活経験の浅い子どもでも好奇心いっぱいの反応を見せてくれます。保育者も「子どもと一緒に○○してみる」という姿勢が大切です。子どもの五感に働きかけて、表現したいという想い（表現の種）を刺激してあげましょう。保育者の語りかけや絵本、写真、歌、詩、動きなど、多角的なアプローチで子どもの表現の芽を引きだしたいものです。

《2》 導入から素朴な表現へ ～表現の芽ばえ～

子どもと一緒に夏を楽しむための入り口（表現の芽ばえ）について具体例を紹介します。

❶ 夏を想起させる言葉から～子どもと連想遊び～

保育者が連想語を思い浮かべたように、子どもにも「夏ってどんな感じ？（暑い～）」「そう暑いね、涼しくなる食べ物ある？（スイカ！）」など夏の連想ゲームをしてみましょう。子どもは思いついたことを間髪入れずに口にするので保育者もテンポよく返しましょう。質問も飛びだすかもしれません。「○○ってなぁに？」の問いに「知ってる人はいるかな？」と問い返すことも、子どもの好奇心をくすぐります。表現の入り口は、頭で考えるのではなく瞬時に感じたことを声に出したり動きだすところから始まりますが、子どもの反応の方が早いかもしれません。多くの事象に興味・関心をもつきっかけとして、スピード感をもって言葉遊びを楽しみましょう。

❷ 夏の音や歌を楽しむ

夏ならではの音や歌を楽しみましょう。風鈴の音を聴かせたり、花火の種類の違い（線香花火・ねずみ花火・打ち上げ花火）を大きな声で「ヒュルヒュルどっか～ん」とオノマトペ（擬音語・擬態語）で発してみるのも楽しい活動です。子どもは口々に花火の音を発しながら両手をパッと開いたり、その場で廻りだすかもしれません。保育者は"表現"を構えて考えがちですが、「子どもは丸ごとが表現体」ですから、瞬間の反応を見逃さないことが表現の芽を育てることにつながるのです。夏の歌（表12-2）を子どもと一緒に歌いながら歌詞に出てくる生き物の真似をすると、歌だけのときよりさらに楽しさが増します。

❸ 呼応する保育者と子ども～夏の歌から～

ライブやフェスでの演技者（演奏者）の呼びかけと観客の反応（応答）を"Call and response（コール アンド レスポンス）"といいますが、保育者と子どもの関係も表現する人と受け取る人の"Call and response"が重要です。

たとえば、表12-2にあるNo.4「オバケなんてないさ」という歌は、「本当にオバケがいたら怖いな」という不安と「いるわけがない」という強がりを歌っていますが、保育者が胸の前で手の甲を外に向けて幽霊の真似をすると、それに応えて子どもが顔を両手で覆いながら「ない、ない！」と手を交差させ、そこに会話が生まれてきます。「先生が○○するから、みんなは△△してね」と具体的な指示はせず、繰り返し歌う中で保育者の真似から徐々に応える仕草に変容していく過程を見守りましょう。保育者と子ども、さらには子ども同士が呼応し合えるといっそう楽しくなるでしょう。

表12-2　夏の歌

No.	タイトル	歌詞	作詞・作曲
1	海	うみはひろいな　おおきいな　つきがのぼるし　ひがしずむ うみはおおなみ　あおいなみ　ゆれてどこまでつづくやら うみにおふねをうかばして　いってみたいな　よそのくに	作詞：林柳波 作曲：井上武士
2	水あそび	みずをたくさん　くんできて みずでっぽうであそびましょう いち　に　さん　し　しゅっ　しゅっ　しゅっ	作詞：東くめ 作曲：滝廉太郎
3	すいかの 名産地	ともだちができた　すいかのめいさんち なかよしこよし　すいかのめいさんち すいかのめいさんち　すてきなところよ きれいなあのこのはれすがた　すいかのめいさんち	作詞：高田三九三 作曲：アメリカ民謡
4	オバケなんて ないさ	おばけなんてないさ　おばけなんてうそさ ねぼけたひとが　みまちがえたのさ だけどちょっと　だけどちょっと　ぼくだってこわいな おばけなんてないさ　おばけなんてうそさ	作詞：まきみのり 作曲：峯陽
5	南の島の ハメハメハ 大王	みなみのしまのだいおうは　そのなもいだいなハメハメハ ロマンチックなおうさまで　かぜのすべてがかれのうた ほしのすべてがかれのゆめ　ハメハメハ　ハメハメハ ハメハメハメハメハ	作詞：伊藤アキラ 作曲：森田公一

《3》 総合的な表現へ

　これまで述べたことは、あくまで表現の入り口であり、まだまだ多くの導入方法があります。できるだけ多くの表現への入り口（きっかけ）を作ってあげることが表現の世界に誘う近道です。言葉遊びや歌、読み聞かせ、写真、映像など、表現の間口は広く準備し、単発で終わるのではなく、「今度は○○してみよう」と発展していく工夫が保育者には求められます。絵本の読み聞かせの最中に、絵本の世界に入り込んでムズムズと身体が動きだします。子どもの表現に「音楽」「造形」「言葉」「身体」という境界線はありません。安全面の配慮や子どもの実態に沿いつつ、若干のはみだしや脱線を一緒に楽しむ大らかさを保育者はもちたいものです。

図12-2　表現の芽ばえから開花（自己表現）へ

《1》 絵本『うみ ざざざ』から声や動きの表現へ

　絵本の読み聞かせから、「ざざざざ　ざっぱ〜ん」など詩のオノマトペ部分を動きに変えて夏の海辺の様子を楽しみましょう。『うみ ざざざ』という絵本は、お父さんと男の子の後ろ姿が左端にあり、砂浜と青い海と空がつながっているページに始まります。熱い砂と男の子の足だけが描かれたページや黄色い浮き輪が絵本からはみだすほど大きく描かれたシンプルですが思わず動きだしたくなる素敵な絵本です。

❶ 抑揚のある読み聞かせ

　子どもたち一人一人に語りかけるように抑揚をつけながら読み聞かせます。特に「ざざーん」「ざっぱ〜ん」などのオノマトペでは、子どもたちにグッと近づいて臨場感たっぷりに読んでみてください。「まぶしい」「あつい」「つめたあい」「しょっぱい」などの形容詞（性質・状態を表す言葉）は、表情もつけて大げさにやってみましょう。「まぶしいそら」の箇所では手のひらを額にかざして太陽がまぶしい仕草をしたり、「あしあと　さくさく　すなが　あつい」の場面では、足裏が熱い感じをその場で小さく足踏みをしてみます。保育者の声や仕草を興味深く聴いたり見ている子どももいますが、動きを真似しだす子どもや、「熱い！」と言ってぴょんぴょん跳ねる子どももいるかもしれません。一人一人反応は異なっても好奇心いっぱいの様子が見られるでしょう。

図12-3　絵本『うみ ざざざ』[1]

> ほら　ついたよ　まぶしい　そら　すなが　しろい
> あしあと　さく　さく　すなが　あつい
> かぜに　むかって　はしってゆくと　あっ　あおい　うみ
> ざざーん　ざざざざざざ　ざっぱーん　なみが　きらきら　わらってる
> あしを　つけると　しろい　あわ　ざわざわざわ　つめたあい
> なみの　しずく　なめたら　しょっぱい！
> ぱんぱんに　ふくらんだ　つやつやの　うきぶくろ
> しっかり　かかえて　うみの　なかへ
> うみの　うえで　おふねに　なって　ぷっかりこ
> なみに　ゆられて　ゆうらりこ　にゅうどうぐもは　ふんわりこ
> ぎんの　さかなは　すーいすい
> おーい　おーい　そろそろ　もどっておいで　はーい
> すなの　うえで　あかい　すいかを　たべました　あかい　かにが　みています

ひがしなおこ（さく）・きうちたつろう（え）『うみ ざざざ』くもん出版，2012 より本文抜粋

❷ 情景を動きで思い描く

「砂の上を歩いたらどんな音がしたかな？」と情景が浮かぶように問いかけます。「波はどんなふうに笑ってたかな？」「きらきら」と子どもたちが答えたら、保育者はパッと開いた手のひらを細かく揺らし、「そう、こんなふうに光ってたね」と動きで語りかけます。波のイメージを動きで表わす楽しさを知る第一歩といえます。

❸ オノマトペで表現する

「ざざーん　ざざざざざざざ　ざっぱーん」から大波を連想して、子どもと一緒に保育者も大波になってみましょう。岸に向かってくる大波はジェットコースターに乗っているイメージで、保育者が「ざっぱーん」と言いながら大きく上下動すると、子どもも動きを真似ながら「ざっぱーん」と声も出してくれるでしょう。

《2》 布と一緒に波になって遊ぼう ～部分実習指導案作成～

海のイメージから、柔らかく小さな布で波の動きを楽しむ部分実習指導案を以下に示しました。（a）（b）（c）の空欄を埋めて、指導案を仕上げてみましょう。

【 5 歳児対象　7月の部分実習指導案】
実施日：(7)月(6)日(水)曜日
対象児：(5)歳児（ 15 ）名（男8名　女7名）
テーマ：絵本『うみ ざざざ』のイメージから小さな柔らかい布と一緒にいろんな波になろう

【主な活動内容】夏の海、波のいろいろ
・絵本『うみ ざざざ』から波の様子を、布を用いて仲間と工夫しながら即興的な動きを楽しむ。

【子どもの実態把握】※5歳児男女	【部分実習のねらい】（2項目）
・(a) 5歳児の実態を書いてみよう（2項目） ・	・布の変化自在な動きを波に見立て、大波さざ波の動きを、布の真似をしながら体験する。 ・友達の面白い動きを真似したり、2～3人で工夫しながらいろいろな波の表現を楽しむ。

時間	環境構成	予想される子どもの活動	保育者(実習生)の援助・配慮点
3分	保育室 （広いスペース） ・以前読み聞かせたことのある絵本『うみ ざざざ』 ・青色～白色系の柔らかい布を人数分	【導入】 ◎ (b) 子どもの反応を予想してみよう	【導入】 ◎「もう夏だね～」と投げかけ、「前に『うみ ざざざ』の絵本読んだの覚えてる？」と問いかける。「ざっぱ～ん！て波がきたね」と振り返る。

10分	・保育者が1枚布を持つ。	【展開】 ◎布の動きを思い思いに真似をし、「ざざざざ」などオノマトペの音を発して動く子どももいる。	【展開】 ◎「この布は波だよ、みんな真似っこして」と布1枚を大きく波立たせたり小さく震わせて、保育者も布と一緒に体を揺らして動く。
	・子ども1人に1枚ずつ布を持たせる。	・布を手に、自分が思ったイメージでつぎつぎに動き始め、イメージがもてない子どもも何となく周囲に同調して動いている。	・「今度はみんなが布を持って波になって動くよ」と1人に1枚布を持たせ、様子を見守る。「どんな波がきたかな?」と動きに変化がつくように声かけをする。
		◎布を大きく使って体いっぱいに表現している子どももいるが、布をうまく扱えずに戸惑って動かない子どももいる。	◎ (c) 援助・配慮点を考えてみよう ―――――――――――― ―――――――――――― ――――――――――――
2分		【まとめ】 ◎「楽しかった」「海行きたい」「ざっぷ〜ん」など口々に反応する。	【まとめ】 ◎「いろんな波になって楽しかった?」と投げかけ「次はどんな波かな?」と話す。

❶ この指導案の特徴

　布の柔らかい質感や青色〜白色系から波を連想し、布の変化自在な動きを真似て子ども自身も波になって遊ぶ活動です。淡色の柔らかい布（40×80cm位）が人数分必要ですが、もし手に入らなければ白タオル（長方形）で代用することもできます。布で安全に行える活動ですが、楽しくなると予測不能の動きが出るため広いスペースが望ましく、渦巻く波や大波を表現しようと自転したり疾走する子どもの勢いを見守ることも大切です。

❷ 実施するときのポイント

　小道具を持って動くときに気をつけたいことがあります。手先で布やリボンを振り回しても、肝心の子どもの身体が動いていないという場合が多々あるからです。布と子どもが一体となって波になりきって遊ぶことを心がけましょう。子どもが動けているか保育者はよく観察し、「○○ちゃんも波だよ、ざっぷ〜ん」と一緒に動きながら声かけしましょう。勢いよく走り回る子どもや動きの少ない子どもなど個人差がありますが、個性的な動きを見つけたら間髪入れずに「いいね」と褒めることも忘れないようにしましょう。

❸ 空欄（a）（b）（c）の例

（a）5歳児の実態：保育者の話を集中して聴けるようになり、いろいろな活動に興味をもち意欲がある。2〜3人で遊ぶことが多いが協調できずにけんかになることもある。

（b）子どもの反応を予想：保育者の働きかけに「知ってる〜」「やってみたい」など肯定的な反応が多い反面、周囲の反応を伺っている様子も見受けられる。

（c）援助・配慮点：イメージしたものになりきって動いている子どもがいたら、「○○ちゃん素敵」などと褒める。「みんなも真似っこしてみよう」と動きの少ない子どもも楽しい雰囲気に巻き込んでいくようにする。

4 | 発展的な実践例（発表会・運動会に活用）

《1》 発表会や運動会の位置づけ

❶ 行事があること

園では、運動会や音楽会、お遊戯会など多くの行事がありますが、それらの行事を目標にすることで子どもの生活も活気づくといえます。子どもは表現することや演じること自体を楽しみますが、練習を重ねる過程で仲間と一緒にやり遂げた達成感を味わったり、保育者や保護者から褒められると、さらに表現すること演じることの喜びが増すでしょう。

❷ 日頃の保育とのつながり

保護者など多くの人に見てもらう作品では、子どもたちの日頃の活動や保育者の姿勢が垣間見えるものです。子どもの感性や表現力を養い、想像性や創造力を豊かにする働きかけや指導がなされているかが問われるともいえます。子どもたちの伸び伸び表現する姿や楽しそうな様子が何よりの成果であり、多少不揃いでも大丈夫という雰囲気の中で思う存分表現する楽しさを体験することが大切です。そのためには、既成の振付をドリル（反復練習）するやり方ではなく子どもの自由な発想を活かした作品にしましょう。作品材料を提供したり教えるのではなく、子どもから引きだすことを考えてありがちな演技に陥らないよう気をつけます。

絵本などを題材にする場合は、ストーリーに捉われ過ぎず、子どもが面白いと思える展開に柔軟に変えるのも遊び心があり有効です。

❸ 活動の評価観点

あくまで子どもが主役ですから、優劣の観点から完成度の高さを評価するのではなく、子どもが表現（発表）することを心から楽しむ気持ちや意欲を評価してあげるよう保護者の理

解を促すことも大切な保育者の仕事です。運動技能の高さではなく子どもの心身の成長を見てもらう場であることを伝えたいものです。

《2》 日頃の活動を発表会（運動会）に取り入れる方法（実践例）

❶ 日々の活動から発表会へ

保育者は、作品の完成度が高い方が保護者も喜んでくれるとはりきってしまいますが、たとえ動きが揃っていても、子どもたちが嫌々やらされているなら本末転倒です。日々の活動をつなげて統合した作品になるよう心がけたいものです。発表会や運動会につながる方法として、夏の海をイメージした「海に遊ぶ」という作品を提案します。表現遊びから見つけた子どもの発想や楽しい動きをベースに作品構成をしたものです。単発の小さな活動を作品のモチーフ（固まり）につなげる作戦です。ある日は絵本を読んで夏の海を想像し、オノマトペの部分を皆で声に出して言葉遊びを楽しんだり動きにしてみる。また別の日には、柔らかい布の動きから様々な波を想像し表現して遊ぶ。さらに布を用いてもっといろいろな夏や海の連想（クラゲやワカメなど）ができないか工夫してみる。保育者が「この前、絵本でざざざ・・・って遊んだね」「みんなで波になったね」と活動を振り返り、楽しかった場面をつなげて作品にしてみると、子どもたちも生き生きと心身を働かせるでしょう。子どもの興味・関心を"まとまり"をもって保育者が演出することが重要です。

❷ 作品「海に遊ぶ」の主な構成

▶ 使用曲

子どもたちの活動を活かした運動会作品を構成してみましょう。使用曲は4分程度の明るくさわやかな曲を選びます。子どもが楽しく演じられ観ている人も飽きない適切な時間と思われます。最近は著作権の問題も厳しくなってきたので事前に使用できるか調べておきますが、70〜100年前に作曲された音楽などから選ぶと安心です。作品の時間を短くする場合はF.O（フェードアウト・徐々に低く）して調整します。

▶ テーマの選び方

子どもたちが生活で楽しみながら表現したものや、何回でも繰り返し遊べる題材を選びましょう。そのためには日頃から子どもたちがどんなことに興味をもっているか、何を楽しんでいるのかをよく観察します。

▶ 構成の柱

4部構成にし大テーマと小テーマを設定しました。大テーマを「海に遊ぶ」（作品名）とし、a.浜辺で、b.深海、c.ざざ波・大波、d.カモメ・巣立ち、の4部（小テーマ）からなります。

ストーリーを追う必要はなく脈絡なく場面が変わっても新鮮です。カモメになったり、子どもになったり、波になったり、変身することが子どもにとっては楽しいのです。「カモメはワカメにならない」など、理屈で考え過ぎないことです。何にでも変身できる世界が子どもにとっては楽しいので、後述の構成案を参考にしながら、子どもの実態に合わせてアレンジも楽しんでください。

▶ 小道具

　ボンボンなどを手に持つケースも見受けられますが、なるべく道具は使わず子どもの身体1つで表現したいものです。小道具が主役にならないように、子どもの身体や動きを活かす方法を探りましょう。小道具が目立ち肝心の子どもの様子がかすんでしまうのは残念です。

▶ 構成図

図 12-4　テーマ「海に遊ぶ」　　　　　　　　　　　　対象 5 ～ 6 歳児　20 ～ 25 人　（4 分作品）

テーマ	運びとナレーション	隊 形	主な動き
カモメ	「カモメとなっての登場です」	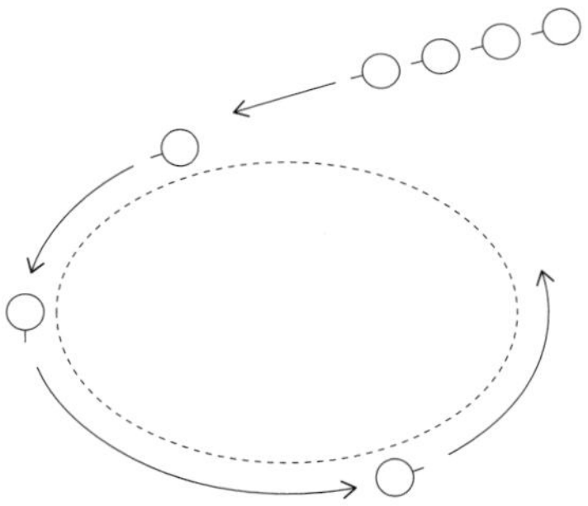	・上手（正面向かって右）奥に全員がスタンバイ。 ・曲の始まりと同時に風を切るように走って登場。連なって一斉に登場（布を頭上に持ってもよい） ・楕円形になったら内側を向いて座り、上体を左右に揺らしながら次の場面を待つ。
浜辺で	「浜辺で楽しく遊んでいます。水遊びや鬼ごっこ楽しそうですね」	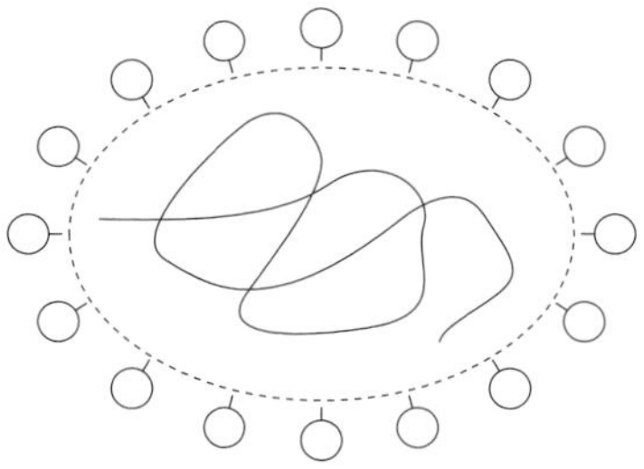	・「わ～い！」と叫びながら中央スペースではしゃぐ。 ・友達と水遊びしたり鬼ごっこやビーチバレー。 ・元気な声も発しながら自由に。2・3人～数人グループ
深海	「海の中にもぐっていくよ。ワカメやイソギンチャク、海の生き物がいっぱいです」	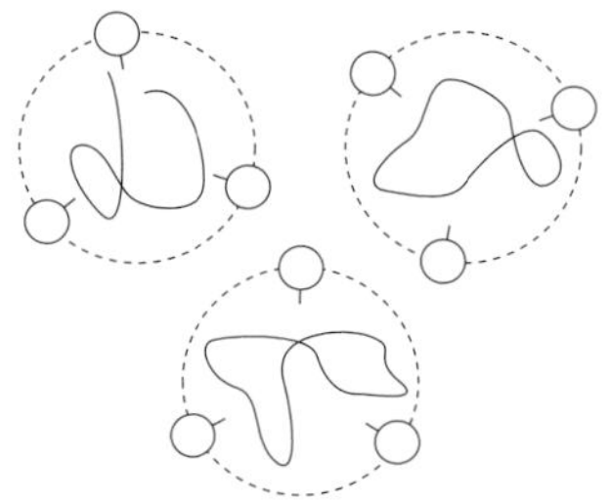	・（海の底まで潜っていく）姿勢を低くゆっくり動く。個人でワカメや魚など海の生き物になる ・ゆらゆら、ふわふわ海の生き物になりきった動きをする。

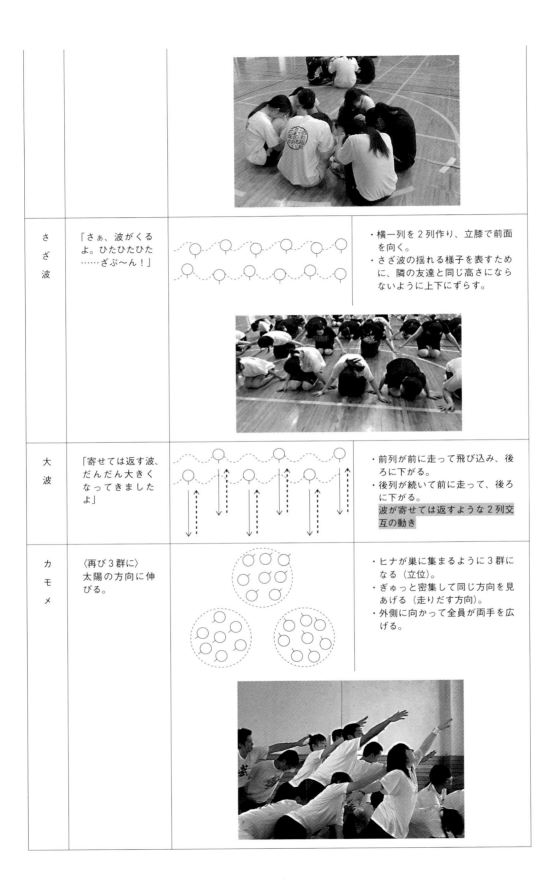

さ ざ 波	「さぁ、波がくるよ。ひたひたひた……ざぶ〜ん！」	・横一列を2列作り、立膝で前面を向く。 ・さざ波の揺れる様子を表すために、隣の友達と同じ高さにならないように上下にずらす。
大 波	「寄せては返す波、だんだん大きくなってきましたよ」	・前列が前に走って飛び込み、後ろに下がる。 ・後列が続いて前に走って、後ろに下がる。 波が寄せては返すような2列交互の動き
カ モ メ	〈再び3群に〉太陽の方向に伸びる。	・ヒナが巣に集まるように3群になる（立位）。 ・ぎゅっと密集して同じ方向を見あげる（走りだす方向）。 ・外側に向かって全員が両手を広げる。

巣立ち	「カモメたちは、大きくなって、元気いっぱい大空へ羽ばたいていきました」		・小グループが旋回し連なって、最初の待機場所（上手奥）へ帰って行く。 ・始まりの勢いと同様に、勢いよく走り去る。 一斉に退場

※使用曲例：「くじら12号」「風になりたい」パッヘルベル「カノン」「渚」他

▶ 練習の進め方

　練習のつど最初（aパート）から作品の順を追って始めることが多いようです。冒頭部（作品の始め）から練習をくり返すと、練習する回数が多い前半部分は上手になりますが、後半部分がどうしても練習不足になりがちです。子どもたちも同じパターンの反復練習は飽きてしまいます。「今日は海の中の練習をしましょう」（bパート）や「いろんな波になるよ」（cパート）と、日々変化をつけて子どもの興味が薄れないように気をつけます。焦点を絞って練習時間を短く、楽しい気持ちを持続させることが飽きさせない練習のコツです。

▶ 指導のポイント ～有効な言葉かけ～

　保育者の助言が、子どもに伝わりにくいことがあります。「ここはもっと盛りあげて大げさに」や「もっと速く○○（動き）して」というメリハリ（動きの抑揚・変化）に関する言葉がけは、子どもにとってなかなかピンときません。有効な方法としては、子どもの感覚に近い比喩やオノマトペが有効になります。「全速力で走って」というより「チータみたいに」と表現した方が子どもは素早く走るイメージがわくでしょう。幅跳びのように遠くに跳ぶ動きを求めるときは、「水たまりを落ちないように越えて」が効果的ですし、素早く小走りには「忍者みたいにサササ～ッと」の方が伝わります。保育者は、指導経験を積みながら子どもに伝わりやすい助言の引出しを増やしていきたいものです。

▶ 応用・発展例

　年少さんの場合は、構成図から簡単に楽しくできるパート（たとえば浜辺で遊ぶパート）を選び短い作品にするとむりなく行えます。衣裳も白色系のTシャツやズボンにそろえると、子どもの身体の動きが引き立ち、布の青色系が映えて視覚的にもきれいに見えます。音楽構成も、実際の子どもたちが遊ぶ声や歌を録音して効果音として取り入れることもできます。

　このように園や子どもの実態に合わせて原型（海に遊ぶ）をアレンジしていくことで、自分たちで創ったというオリジナル感が増し、保育者も子どもたちも楽しく練習できます。

[引用文献]
1）ひがしなおこ（さく）・きうちたつろう（え）『うみ ざざざ』くもん出版 ,2012

PART.3 第13章 子ども同士の発表会を計画しよう
～秋を感じて～

1 秋のイメージ

夏の暑さも一段落すると、季節は実りの秋を迎えて冬支度を始めます。自然界の様々な変化や秋の行事など、子どもが「秋」の季節をイメージできるように考えてみましょう。

まず始めに、秋の季節から連想する言葉を下の空欄に入れて、あなた自身が秋をイメージしてみましょう。

表 13-1　秋のイメージ

生活				自然			
ハロウィーン・(　　　)・秋祭り・(　　　)・				栗・柿・(　　　)・(　　　)・(　　　)・			
(　　　)・ボジョレーヌーボ・運動会・(　　　)				秋刀魚・ぶどう・(　　　)・紅葉・(　　　)			
(　　　)・長袖・(　　　)・(　　　)・				落ち葉・秋晴れ・(　　　)・(　　　)・			
(　　　)・(　　　)・(　　　)・(　　　)				(　　　)・(　　　)・(　　　)・(　　　)			

2 秋を感じる子ども同士の発表会の計画

秋の季節をテーマにした歌や合奏、ダンス、展示など、子どもたちによる子どもたちのための発表会を企画しましょう。毎年の恒例行事として子どもは楽しみにしており、年中・長児の混合グループで準備や発表を行い、年少児は観客として参加することにします。保護者に見せることが目的ではなく、子どもが主体となり、協働して発表会を行うことが目的です。

保育者は子どもたちの「やってみたいと思う気持ち」「アイデアを出して工夫して活動する」「友達と協働する」というプロセスを大切にして、子どもが主体となって活動できるように支援します。発表の完成度にこだわるのではなく、この活動を通して子どもが多くの学びを得られるように支援しましょう。ここでは発表会の準備から振り返りまで11回の活動（年少児は5回）を想定して行います。年中・長児向けの活動計画案（p.167）と、年少児向けの活動計画案（p.171）の太字の部分を、指導ポイントを参考にして考えましょう。

《1》 発表会の計画と実践例（年中・長児）

❶ 導入と指導ポイント

　子どもが発表会のテーマである秋をイメージできるように、秋の風景のビデオを鑑賞したり、秋にちなんだ絵本を読んだり、秋の歌を歌ってみたりしましょう。秋になるとどのように植物の様子が変わるのか、また動物たちは冬に向けてどのように準備をするのか、会話をしながら自然界の秋の様子をイメージします。秋についてイメージができたら、実際に散歩に出かけて身近な秋を見つけましょう。保育者は前もってドングリや栗、柿などの実がなっている樹木や紅葉している樹木、稲が黄色く色づいた田んぼの場所などを探しておくとよいでしょう。自然界の秋に触れたら、今度は生活の中で秋を感じられるものを探します。

　秋が旬の食べ物であるサツマイモ、栗、柿、小豆、米などの食材を見たり触れたりして、できれば料理をして食べたりするとよいでしょう。また、秋には各地でお祭りが行われます。お祭りのビデオを鑑賞して、日本の伝統文化に触れてみることもよいでしょう。

＜指導ポイント＞

　「秋には葉っぱはどんな色になりますか」「知っている秋の歌はありますか」「秋になるとおいしくなる食べ物は何ですか」など、会話しながら秋のイメージを深めていきましょう。

❷ 計画立案と指導ポイント

　保育者は秋の季節について学んだことを活かし、秋をテーマにした子ども同士の発表会を計画して開催することを提案します。活動のねらいは、秋の季節を表現すること、子どもが中心となって友達と協働して発表会を作ることです。保育者が日時や場所、対象者などを決めておきますが、発表内容や準備、当日の進行は子どもが主体となって活動できるように支援します。舞台発表だけでなく、展示や装飾なども発表の一環として考えてもよいでしょう。活動は進捗具合いを見ながら保育者側でサポートしますが、あくまでも子どもが主体となって活動できるように、子どもからなるべく多くの意見を取り入れて支援していきましょう。

　作業を進めていく中で様々な意見や提案が出たり、子ども同士の対立が起きることなどが予想されますが、適切な支援をすることが大切です。子ども同士が協働できているか、準備はスムーズに進んでいるかなど、常に子どもの状態をよく見て適切な言葉をかけ、なるべく子ども同士で解決していくように見守りながら、時には手伝いながら支援しましょう。

　では、発表会計画の項目別に指導ポイントを考えてみましょう。

▶ プログラム内容の決定

　プログラムの内容について子どもと話し合って決めます。

　保育者はテーマである秋の季節にちなんだ内容を考えるように伝え、日時や場所、対象者など発表会の大枠を説明してから話し合いをリードします。発表内容は複数あってもよいで

しょう。ここでは「紙芝居（どんぐりぼうやのぼうけん）」と「『どんぐりころころ』の歌とダンス」の2つの出し物に決まったことにします。次に、必要な係と内容について話し合いをリードしながら決めていきましょう（表 13-2）。

＜指導ポイント＞

　子どもが主体的に意見を言える環境を作ります。「秋の季節を感じられるように、どのような発表をしたいですか」「どのような発表にしたら年少さんが喜びますか」など、会話しながら意見をまとめてプログラムを決めます。出た案は絵で示すと分かりやすいでしょう。係分担を決めるときには、「発表会があることをみんなにどのように知らせたらいいですか」と質問するなどして、子どもが必要な係に気づくように話し合いをリードします。そして、子どもの希望を大切にしながら、活動しやすい人数を考えてメンバーを決めましょう。

図 13-1　子どもと保育者がプログラムを決めている様子

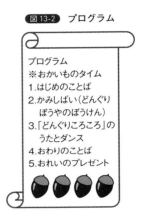

図 13-2　プログラム

プログラム
※おかいものタイム
1. はじめのことば
2. かみしばい（どんぐり ぼうやのぼうけん）
3.「どんぐりころころ」の うたとダンス
4. おわりのことば
5. おれいのプレゼント

表 13-2　係分担表

係	メンバー	内容
① しかい係	2名	・始めと終わりの挨拶、進行内容の台詞を考えて司会進行を行う。
② かみしばい係	6名	・「どんぐりころころ」の歌詞の内容をもとに、紙芝居を作って朗読する。
③ ダンス係	6名	・歌や演奏に合わせて振りつけを考えてダンスをする。
④ おんがく係	6名	・「どんぐりころころ」の曲の雰囲気に合う楽器を選んだり作ったりして、音楽を演奏して歌う。リズムパートを自分たちで考えてアンサンブルする。
⑤ いしょう・こどうぐ係	6名	・ダンス係やその他の人の衣装や小道具を考えて作る。
⑥ かざりつけ係	8名	・舞台や会場を装飾したり、作品を製作して展示する。 ・リハーサル時に飾りつける。
⑦ かいじょう・せんでん係	6名	・ポスターやプログラムを作って園内に貼り、年少児に入場チケットと買い物券を作って配布する。 ・リハーサル時に客席や受付をセッティングして、当日は受付（4名）をする。
⑧ おみせやさん係		※準備の途中で子どもから提案があり、希望者でお店と売るもの（やきいも、ハンバーガー）を作ることになった。当日の販売は、衣装係から2名、飾りつけ係から2名選出する。

▶準備

　係分担のグループ別に内容や製作に必要な材料や練習方法について話し合い、活動を始めます。製作や練習内容の詳細は子どもに任せて、保育者は必要に応じて支援します。教室の1つを製作室として提供し、あらかじめ様々な材料や文房具などを用意して、子どもが自由に材料を選んで作ることができるようにしておくとよいでしょう。活動の途中で子どもからいろいろな提案が出てくることが予想されます。今回は発表を見学する前に飲食できると楽しいのではないかと提案があり、会場内にやきいも屋さんとハンバーガー屋さんのお店を出すことになりました。

＜指導ポイント＞

　活動に積極的に参加できていない子どもの支援をします。「○○さんにもできる役割は何かありますか」と子どもたちに問いかけて、グループの中でそれぞれの子どもが参加意識をもてるように支援しましょう。意見が対立したときにはなるべく子ども同士で解決できるように、「何かよい方法はありますか」など、問いかけて見守りながら支援しましょう。

　また、保育者は準備の途中で次々と出てくる子どもの気づきや工夫を丁寧に拾いあげながら、取捨選択して支援していきます。

　予定している活動日程の中で仕上がるように、進捗状況を見ながら支援しましょう。

図 13-3　子どもたちの製作の様子

▶リハーサル

　前日に発表のリハーサルと舞台やお店、装飾、受付の会場準備をします。会場見取り図を作っておくとよいでしょう（図 13-4）。リハーサルでは、当日の流れを確認して必要があれば改善します。

＜指導ポイント＞

　リハーサルでは「受付のテーブルはどこに設置したらよいですか」「舞台からみんなに聞こえるように歌ったり話したりするにはどうしたらよいですか」など、気づいた点を問いかけて、子ども自身で考えて改善できるように支援しましょう。

図 13-4　会場見取り図

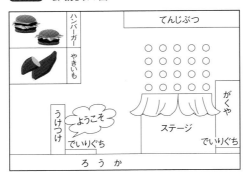

▶発表会

　保育者は準備から片付けまでスムーズに行くように、流れを予測して当日の進行表を作っておきます（表 13-3）。発表では子どもが楽しく達成感を感じられるように支援します。

＜指導ポイント＞

　発表がスムーズに行くように進行を見守りながら、必要に応じて支援しましょう。何よりも保育者自身が楽しみ、大きな声援や拍手を送るなどして雰囲気を盛りあげていきましょう。

表 13-3　当日の進行表（年中・長児）

時間	年中・長児の活動
9：30	・舞台、受付、お店準備
	・衣装着替え
10：00	・受付開始
	・開店
10：20	・司会スタンバイ
10：30	・発表開始
11：00	・発表終了、片付け
11：15	・撤収

図 13-5　発表会の舞台の様子

図 13-6　お店屋さんの様子

図 13-7　ハンバーガーを食べる子どもたち

▶振り返り

　発表会が終わったら、発表会までの準備と当日の発表について振り返ります。振り返ることによって活動で何が得られたのか、自分たちの態度はどのようであったかなど、子ども自身が再確認することができます。この発表会が園生活でのよい思い出となるように振り返りましょう。

＜指導ポイント＞

　保育者は、子どもが自由に感想を言えるように環境を整えて話し合いをリードします。準備段階と当日の発表に分けて感想を言ってもらうとよいでしょう。自由な感想の他に、「どのように友達と協力できましたか」と問いかけると、子どもは活動のねらいの1つである、活動の中で友達と協働できた点について具体的に振り返ることができます。保育者はどのような感想も共感して聞きましょう。そして、保育者からの感想は具体的かつ肯定的に伝えると、子どもの励みになるでしょう。

　下記は、年中・長児の活動計画案の実践例です。「保育者（実習生）の援助・配慮点」の項目の太字の〈　〉部分を考えましょう。

発表会の活動計画指導案（年中・長児）

主な活動：秋の発表会（紙芝居と歌とダンスの発表）			
実施日：10月15日〜11月7日（全11回の活動） 発表会：11月6日（水）10:00〜11:15　　リハーサル：11月5日（火）10:00〜11:00 場所：製作室など　　発表会会場：大教室 想定する対象児：出演者／年中児20名、年長児20名の混合グループ　見学者／年少児（20名）			
【子どもの実態】秋の季節について学んだ。毎年行われる行事で楽しみにしている。		【ねらい】・秋の季節に親しむ。 ・友達と協働して発表会を作る。	
日時	環境構成	予想される子どもの活動	保育者（実習生）の援助・配慮点
第1回 10月15日	○導入 ・教室で着席	○秋について学ぶ ・秋の自然のビデオや絵本を見て秋について学ぶ。 ・秋の歌を歌い、秋の食材に触れる。 ・散歩に行って秋の風景を感じる。	○秋について学ぶ ・秋にちなんだビデオや食材、絵本、歌の準備をしておく。 ・紅葉している樹木や実のなっている樹木を下見しておく。 〈年中・長児向けの秋の歌を考えましょう〉 〈秋の食材を考えましょう〉
第2〜8回 10月17日 〜11月4日	◎展開	◎発表会の準備 ○プログラムと係分担決め ・意見を出す。 ・意見を言えない子どももいる。	◎発表会の準備 ○プログラムと係分担決め ・話し合いをリードして意見を聞く。

			・出された意見を黒板に絵で示す。
			・意見を言わない子どもにも問いかける。
			〈**話し合う時の注意点を考えましょう**〉
	製作室	○製作・練習 ・係に分かれて製作、練習をする。 ・意見の対立やけんかが起きる。 （司会係） ・挨拶や進行内容の台詞を考えて練習する。	○製作・練習 ・製作室を用意して、自由に使える材料を用意しておく。 〈**意見の対立が起きた時にどのように支援したらよいか考えましょう**〉
	音楽： 「どんぐりころころ」	（紙芝居係） ・歌の歌詞をもとに紙芝居（どんぐりの冒険）を製作し、朗読の練習をする。	・進捗状況を見ながら製作を促す。 ・参加できていない子どもを支援する。
		（ダンス係） ・ダンスの振りつけを決めて練習する。	・みんなの意見が反映されるように促す。
		（音楽係） ・曲を演奏する楽器を選び、リズムを考えて練習する。	・曲の雰囲気を伝えるようなリズムを考えるように促す。
		（衣装・小道具係） ・衣装と小道具を製作する。	・進捗状況を見ながら製作を促す。
		（飾り付け係） ・舞台や会場の飾り、展示品を製作して飾りつける。	・円滑に作業できるように支援する。
		（会場・宣伝係） ・ポスターを製作して園内各所に貼り、入場券と買い物券を作って年少児に配布する。	・ポスターの内容を考えるように支援する。 〈**参加できていない子どもをどのように支援したらよいか考えましょう**〉
		○お店作り ・やきいも屋さんとハンバーガー屋さんを作ろうと提案する。 ・お店と買い物券を希望者で作る。	○お店作り ・お店で買い物して飲食タイムを作りたいという提案を取り入れる。 ・製作に必要な材料を補充する。

第9回 11月5日	◎リハーサル 発表会の会場 （大教室）	◎リハーサル ○舞台で演じる ・舞台を設置する（低い台を並べる）。 ・司会進行に沿って、登場から退場までの流れを確認する。 ○会場見取り図をもとに、会場の装飾・セッティングをする ・会場の装飾、座席、受付、お店のセッティングをする。 ・入場券と買い物券を年少児に配る。 ○リハーサル振り返り ・プログラムを大きく書いて貼りだすことに気づき、書いて貼る。 ・当日のお店の販売担当者を決める。	◎リハーサル ○舞台で演じる ・台を用意して舞台設置を手伝う。 〈**紙芝居の声がよく聞こえません。どのように支援すればよいか考えましょう**〉 ○会場見取り図をもとに、会場の装飾・セッティングをする ・セッティングや飾りつけを手伝う。 ○リハーサル振り返り ・プログラムを書いて貼りだすことに気づいたことを褒める。 ・「お店の販売は誰がしますか」と、気づいていない点を問いかける。
第10回 11月6日	◎発表会当日 発表会の会場 （大教室）	◎発表会当日 ○当日準備 ・ダンス係、音楽係は衣装に着替える。 ・持ち場に着く（受付、お店、司会）。 ・受付をする。 ・お店で販売する。 ○発表 ・楽しく発表する。 ○片付け ・協力して片付ける。	◎発表会当日 ○当日準備 ・衣装替えを手伝う。 ・受付、お店を巡回して必要な支援をする。 ○発表 ・大きな拍手や声援で盛りあげる。 ○片付け ・片付けを手伝う。
第11回 11月7日	○振り返り 教室で着席	○振り返り ・準備や本番で楽しかったことや友達と協働できたことについて感想を言う。	○振り返り ・準備と発表会当日に分けて感想を聞く。 ・友達と協働できた点を言ってもらう。 〈**保育者としてどのように感想を伝えたらよいか考えましょう**〉

《2》 発表会の計画と実践例（年少児）

❶ 導入と指導ポイント

　今度、年中・長児による秋をテーマにした発表会を見ることを伝えます。昨年の発表会のビデオを見せて、今年は皆が観客になることを伝えます。はじめに秋の季節について学びますが、この年齢では季節についてまだよく理解していないので、年齢に合わせて学ぶ内容や方法を工夫しましょう。また、発表を見るときのマナーについて一緒に考えて、発表会への期待を膨らませましょう。

＜指導のポイント＞

　3歳児の発達に合った秋の季節の歌や絵本を選びましょう。また、「発表会を見るときにはどのような態度で見たらよいですか」と問いかけて、見学時のマナーを考えましょう。昨年の発表会のビデオを見ながら、座って静かに見ることや発表が終わったら大きな拍手をするなどの見学時のマナーを具体的に説明しましょう。

❷ 計画立案と指導ポイント

▶ 発表会準備の見学

　発表会鑑賞への期待が高まるように、製作室での年中・長児の準備の様子を見学します。見学から帰ってきたら、皆で感想を話し合いましょう。そして、来年は皆が発表することを伝えます。

＜指導ポイント＞

　見学後の感想の話し合いでは、「お兄さん、お姉さんたちは何を作っていたのかしら。発表会が楽しみね」と言って、発表会への期待をもてるような言葉をかけるとよいでしょう。

▶ プレゼント作り

　鑑賞のお礼に、プレゼントを手作りして渡すことを提案します。プレゼントの内容は保育者がリードして皆で話し合って決めましょう。ここでは絵を描いたカードを一人一人に渡すことにしました。

＜指導ポイント＞

　プレゼントの内容を決める話し合いでは「面白いアイデアね」などと言って、子どもの意見を尊重しながらうまくまとめていきましょう。

▶ 発表会当日

　入場券と買い物券を持って会場に行き、受付で入場券を渡します。買い物券を持ってお店で食べ物と交換してもらって席で食べます。発表会では発表を楽しみ、終わったら拍手をします。

お礼のプレゼントを渡すときには、1人ずつお礼を言って手渡ししましょう。

＜指導ポイント＞

お礼を言ってプレゼントを渡す練習をしておきます。年中・長児に一列に並んでもらって渡すとスムーズに行くでしょう。そのときは保育者がサポートしましょう。

▶振り返り

発表会が終わったら、1人ずつ感想を話します。また、来年はどのような発表をしたいか、イメージを話し合ってみましょう。

＜指導ポイント＞

保育者は、一人一人の感想に共感して聞くようにしましょう。来年は皆が舞台で発表する番であることを伝えて、発表会への期待をもたせるようにしましょう。

下記は、年少児の活動計画案の実践例です。「保育者（実習生）の援助・配慮点」の項目の太字の〈　〉部分を考えましょう。

発表会の活動計画指導案（年少児）

主な活動：発表会の見学とプレゼント作り			
実施日：11月1日〜11月7日（全5回の活動） 発表会：11月6日（水）10：00〜11：00 場所：教室　　発表会会場：大教室 想定する対象児：年少児20名			
【子どもの実態】秋になって、季節の変化を何となく感じている。秋の発表会を見ることを楽しみにしている。		【ねらい】・秋の季節を知る。 ・発表会を見学する。 ・お礼のプレゼントを作る。	
日時	環境構成	予想される子どもの活動	保育者（実習生）の援助・配慮点
第1回 11月1日	○導入 教室で着席	○秋について学ぶ ・秋の自然のビデオや絵本を見る。 ・秋の歌を歌い、秋の食材に触れる。 ・散歩に行って秋の風景を感じる。 ○発表会鑑賞について説明を聞く ・昨年の発表会のビデオを見る。 ・口々に感想を言う。 ・「拍手をするとよい」などと言う。	○秋について学ぶ ・秋にちなんだビデオ、食材、絵本、歌の準備をしておく。 ・紅葉している樹木や実のなっている樹木を下見しておく。 〈年少児向けの秋の歌を考えましょう〉 ○今度、発表会を鑑賞することを伝える ・昨年の発表会のビデオを見せる。 ・感想を聞く。

			・発表会を見るときにはどのような態度で見たらよいか問いかける。
第2〜3回 11月2日〜4日	◎展開 製作室、教室	◎準備の見学とプレゼント作り ◎発表会準備の見学 ・製作室で年中・長児の準備の様子を見る。 ・自由に見学して、年長児に質問する。 ・感想を口々に言う。 ◎お礼のプレゼント作成 ・カードに絵を描いて渡したいと言う。 ・みんなで人数分のプレゼントを作る。	◎準備の見学とプレゼント作り ◎発表会準備の見学 ・製作室に連れて行き、年中・長児の準備の様子を見学する。 ・教室に戻って感想を尋ねる。 ◎お礼のプレゼント作成 ・発表会の招待のお礼にプレゼントを手作りすることを提案する。 ・どんなプレゼントにしたらよいか尋ねる。 ・カード作成の材料を用意する。
第4回 11月6日	◎発表会見学	◎発表会見学 ・入場券と買い物券を持って会場に行く。 ・受付で入場券を渡して会場に入る。 ・お店屋さんで買い物をする。 ・発表会を楽しむ。 ・年中・長児にプレゼントを渡す。	◎発表会見学 ・入場券と買い物券を持って行くように言って会場に連れていく。 ・買い物をしたら、席で食べるように言う。 ・発表会を楽しむように言う。 ・プレゼントを渡すことを手伝う。 〈プレゼントをどのように渡したらよいか考えましょう〉
第5回 11月7日	◎振り返り	◎振り返り ・感想を言う。 ・来年を楽しみに期待を膨らませる。	◎振り返り ・面白かった点を尋ねる。 ・来年はみんなが発表者になることを伝える。

　楽しい発表会の活動計画ができましたか。子どもが協働作業のプロセスを通じて様々な気づきや達成感がもてるように、保育者は子どもの様子をよく見て適切な支援することが大切です。

　子どもが自分たちで考え、工夫し、発表してお客さんに喜んでもらえた体験は大きな自信となり、表現することの楽しい思い出となってきっといつまでも心に残るでしょう。

[写真協力]
学校法人富岡中央学園あけぼの幼稚園

MEMO

総合的な活動計画を立案しよう
～冬の造形を中心に～

1 冬のイメージ

《1》 冬の生活や自然

　冬は寒さのイメージが先行しがちですが、子どもたちにとっては寒さなど何のその、冬ならではの楽しみを見つけることができるようです。この季節は楽しい行事にも結びついています。クリスマスや正月、冬休み、節分の豆まきなどがあり、家庭でも園でも行事に関わったり接したりする機会が多い時期でもあります。

《2》 冬の連想語 ～子ども理解のきっかけとして～

　できるだけたくさんの冬に関する言葉集めをしましょう。アイデアを産みだす手法の1つに発散的思考があり、言葉を様々な角度から出していく方法です。1つの言葉から次々に枝分かれするように連想を広げていきます。最初は20個、次は50個と頑張って考えていくうちに、思い浮かぶイメージの転換が思いがけない冬の言葉を紡ぎだしていきます。冬の遊びのいろいろ、冬のスポーツのいろいろ、冬の食べ物、冬の衣服などというように、別のジャンルへと転換する中で、見つかる言葉の数は増えていきます。1人で行うのもいいですが、対話するメンバーが見つかれば、一緒に冬の言葉探しを楽しんでみるといいでしょう。多くの冬の言葉を集めたら、次は収束的思考（発散的思考の反対語）の出番です。冬の言葉を組み合わせて冬のオリジナル絵本作りへつなげたり、壁面装飾のアイテムの1つに活用したり、アイデアの源泉として多くの言葉は表現の場で楽しく活用できるものとなります。

　思いついた冬の連想語を表14-1に入れてみてください。

表14-1　冬のイメージ

生活		自然	
手袋・そり・（　　　　）・毛糸・あんか・うどん・（　　　　）・雪合戦・こたつ・みかん・（　　　　）・雑煮・（　　　　）・ブーツ・毛布・（　　　　）・焼き芋・（　　　　）・初もうで・（　　　　）・年賀状　・（　　　　）・（　　　　）・（　　　　）・たこあげ・（　　　　）・マフラー・お年玉		雪・こがらし・（　　　　）・温泉・（　　　　）・白い息・氷・（　　　　）・冬眠・（　　　　）・吹雪・北風・（　　　　）	

2 冬の造形を中心とした活動計画の立案

　ここでは5つの題材テーマを提示します。それぞれのテーマから発想して、保育実践アイデアのシミュレーション練習をしてみましょう。実際の保育を想定し、園児のためにどんな準備や工夫をしておくと望ましいでしょうか。……の空欄にあなたの考えを書き込みましょう。

《1》 題材テーマ1「動物の雪のおうちを描く」（5歳児）

　色画用紙の中央に円形や四角形、三角形などになるようにマスキングテープを自由に貼り込みます。そして、その上から白絵の具を塗り、乾いてからマスキングテープをはがすと、白い家のできあがりです。その中に知っている好きな動物を描き加えていくと、いつのまにか雪のすてきな動物の家が完成します。

図14-1　動物の雪のおうち

＜材料＞
白マスキングテープまたは養生_{ようじょう}テープ、クレヨン、絵の具、筆、色画用紙、動物のイラスト（写真でも可）

①導入（子どもへの問いかけ）について考える
「動物さんの冬のおうちってどんなだろう？」「どんな動物がいるかな？」と、子ども各自がどんどん好きに話ができる雰囲気をつくる。
→ 子どもが自分なりにイメージをもてるようにするにはどうするか？
＜記入例＞絵本を用いる。素話をする、など。

....

②道具や材料について考える
→ 材料はどのように準備するか？
＜記入例＞養生テープは粘りを弱くしておくと剥がしやすい、など。

....

→ 動物を思い描くには何を準備するとよいか？
＜記入例＞図鑑や絵本を用意する。たとえば絵本『手袋』を読む、など。

....

→ 用具はどこに置くと効果的か？

＜記入例＞あらかじめマスキングテープを切っておきシール帳のようなものに貼っておく、絵の具の色によって机を分ける、など。

---

③活動のねらいについて考える

→ 子どもに楽しんで身につけてもらいたいことは何か？

＜記入例＞必ずしも設定を家や動物に指定せず自由な発想も可能、友達と協力する楽しさ、四季の変化の楽しさ、想像を膨らませ自分なりに描く楽しさ、など。

---

④環境について考える

→ 参考にする図鑑や絵本、イラストはどこに置くか？

＜記入例＞机上、保育室に掲示、など。

→ 活動場所はどこがよいか？

＜記入例＞多目的室、保育室、など。

→ 机の配置はどうするか？

＜記入例＞個人机、班の机、机は使わずに床の新聞紙の上、など。

---

⑤その他の配慮について考える

→ ねらいを効果的に達成するための手助けは何か？

＜記入例＞動物園ごっこと組み合わせる、保育者が実演する、など。

→ プラスアルファの手助けや準備は何か？

＜記入例＞子どもの班分けを工夫する、など。

---

⑥部分実習指導案を完成する

以下の指導案の空欄に、あなたの考えた事柄を具体的に書き込んでみましょう。

主な活動：動物の雪のおうちを描く			
全対象児：5歳児20名			
【子どもの実態】 （参考例） 園での生活全体では、年長児として自信をもって行動している姿が見られるようになってきている。		【ねらい】	
時間	環境構成	予想される子どもの活動	保育者（実習生）の援助・配慮点
10：30	・用意するもの	◎保育者の話をみんなと一緒に聞く。	・実際に保育者がやって見せる。
11：10		◎片付けをする。 ・完成した作品を乾燥させる。	・子どもが自分から率先して、片付けをすることを認める。

《2》 題材テーマ2「冬の動物園を描く」（4歳児）

スタンプを作ったのち、そのハンコを押して、形を動物に見立ててペンやクレヨンで描き加えます。冬の動物園にするには、仕上げにクリーム色などの薄い色や白で、丸型のスポンジスタンプを押します。雪に見立てて降らせましょう。

図14-2　冬の動物園「キツネ」

＜材料＞

メラミンスポンジまたは食器用スポンジ、溶いた絵の具のスタンプ台または絵の具皿、サインペン、クレヨン、大判ロール画用紙または模造紙

177

① 導入（子どもへの問いかけ）について考える

　新品のメラミンスポンジや食器用スポンジに絵の具をつけて、紙に押した提示作品を見ながら、子どもたちに「何に見えるかな？」と尋ねていく。「しっぽをつけたらサルかしら？」などと、いろいろな動物に見立てることができることを知らせてみる。

→ 主役の動物について、導入ではどのように話すか？

＜記入例＞動物に関する絵本の読み聞かせをする、パネルシアターをする、視覚的な資料を用いる、など。

②道具や材料について考える

→ あらかじめ準備できる材料は何か？

＜記入例＞保育者自作のスポンジを切った簡単なスタンプ、など。

→ スタンプ台や絵の具皿の配置はどうするか？

＜記入例＞共有する、個別に用意する、など。

③活動のねらいについて考える

→ 子どもに楽しんで身につけてもらいたいことは何か？

＜記入例＞絵の具をつけて転写することの驚き、想像を膨らませることの楽しさ、友達と協力して１つの動物園を作成すること、協調性、など。

④環境について考える

→ 活動場所の設定はどこか？

＜記入例＞壁に大きな紙を貼って取り組む、床の上、園庭、広いスペースのホール、など。

⑤その他の配慮について考える

→ ねらいを効果的に達成するために何を配慮するか？

＜記入例＞活動前に保育者が実演をする、など。

⑥部分実習指導案を完成する

以下の指導案の空欄に、あなたの考えた事柄を具体的に書き込んでみましょう。

主な活動：スタンプで冬の動物園を描く			
対象児：4歳児20名			
【子どもの実態】 （参考例） 保育者との関係を支えにしながら、自分のクラスで居場所を見つけ、友達との関わりや面白そうな遊びに積極的に取り組もうとする姿が目立ってきた。		【ねらい】	
時間	環境構成	予想される子どもの活動	保育者(実習生)の援助・配慮点
10：30	・用意するもの	◎保育者の話をみんなと一緒に聞く。	・実際に保育者がやって見せる。
11：10		◎片付けをする。 ・完成した作品を乾燥させる。	・子どもが自分から率先して、片付けをすることを認める。

《3》 題材テーマ3「オニの親子を描く」（5歳児）

節分の豆まきの一環として、表情豊かな「オニの親子を描く」保育計画を立てます。オニの顔は泣いていたり、笑っていたり、怒っていたり、困っていたりと様々な表情があることに着目します。実際に子どもも同じ表情をすると参考になるでしょう。「笑うときはどんな顔をする？みんなで一緒に笑ってみようね」と大きな身振りで笑って、楽しみながら描画に誘います。また、衣装にも目を配り色彩豊かに描けるよう、保育者は子どもたちの活動を支えましょう。オニが怖い子どももいるので、オニや豆まきに慣れるために豆まきごっこ（新聞で丸めた豆を作る）をしたり劇をしてみせたり、あらかじめ準備をしてもよいでしょう。

＜材料＞

画用紙（4つ切り）、クレヨン、オニのイラスト

①導入（子どもへの問いかけ）について考える

「一緒に元気に笑ってみようか」「怒ってみようか」「どんな顔になるかな」と、子どもたちを誘い、友達や先生の顔と見合わせる。

→ たとえば、素話ではどのようなものができるか？

＜記入例＞保育者のうれしかったことを伝えて一緒に喜んで笑った後に子どもの経験を引きだして発言を促す、プンプンと表情を変えていく歌遊び、顔真似できるような絵本を一緒に読んで真似る、など。

②道具や材料について考える

→ さらに必要な材料として何があるか？

＜記入例＞オニをイメージできる絵本やお面の用意、パスは自分のもので描かせる、絵の具の用意は机ごとに色分けしてみる、参考用のオニのイラストを掲示、など。

③活動のねらいについて考える

→ 子どもに伝えたい大切なことは何か？

＜記入例＞感情を表情で伝えること、表情作りで友達と交流する楽しさ、苦手なオニを克服する機会とし元気よく友達と一緒に取り組む、など。

④環境について考える

→ 製作活動の場所はどこが適当か？

＜記入例＞保育室、動線を考慮してホールを用いる、など。

⑤その他の配慮について考える

→ ねらいを効果的に達成するために何を配慮するか？

＜記入例＞どうしてその表情にしたのかを尋ね完成した絵の下に貼り飾る、オニを怖がる気持ちに共感をする、など。

⑥部分実習指導案を完成する

以下の指導案の空欄に、あなたの考えた事柄を具体的に書き込んでみましょう。

主な活動：オニの親子を描く 対象児：5歳児20名			

【子どもの実態】	【ねらい】
（参考例） 園での生活に安心感をもち、最近は協同的、自発的に遊びに積極的に取り組んでいく姿へと変化してきた。遊びや生活を通して、様々な役割やキャラクターへの気付きが見られる。	

時間	環境構成	予想される子どもの活動	保育者（実習生）の援助・配慮点
10：30	・用意するもの	◎保育者の話をみんなと一緒に聞く。	・実際に保育者がやって見せる。
11：10		◎片付けをする。 ・完成した作品を乾燥させる。	・子どもが自分から率先して、片付けをすることを認める。

《4》 題材テーマ4「筆を作って線を引こう！」（5歳児）

　丸ひもとストローを使って、書き初め用の筆や絵筆を作りましょう。できた筆にたっぷりの絵の具をふくませて、大きな紙に線を引いてみましょう。どんな線が描けるでしょうか。ストローは太いものを用意できると、よりよいでしょう。最近では、いろいろな素材のストローが環境への配慮から市販されています。筆の数を多めに用意して、絵の具に触れて思い思いに線を描かせてみましょう。保育者も「グルグル」とリズミカルな擬音を使いながら線を描くことで、心が動いて面白さにつながっていくことを示せます。子どもの自ら遊びだそうとする主体的な姿へとつなぐことが可能となります。

＜材料＞
太めのストロー、太めの丸ひも（綿素材に近いもの）、絵の具、絵の具皿、はさみ、画用紙または大き目のプラベニヤ板に模造紙を貼る、テープ

<筆の作り方>

1. 丸ひもの先端をテープでくるむ。

2. ストローに丸ひもを通して、両端を大きめの
   こぶにして縛る。ストローは 12cm ぐらいに短
   めに切ると作りやすい。

3. 1 の丸ひもの先端の糸をほぐす。

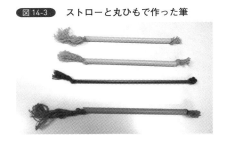
図 14-3　ストローと丸ひもで作った筆

① 導入（子どもへの問いかけ）について考える

「魔法の筆を作って字や絵を描いたら、どんなものができあがるかな？」と声をかける。

→ 子どもたちのこれまでの筆に関するエピソードには、どのようなものがあるか？

<記入例>前回筆で絵を描いたこと、新聞に墨汁を塗った遊び、書き初めで筆を使った経験、
など。

②道具や材料について考える

→ 使用する材料で他に代用できるものや工夫は何があるか？

<記入例>太いストローが用意できない場合は A 4 用紙を丸めて筒にする、ひもを通すの
は保育者と一緒に行う、など。

③活動のねらいについて考える

→ 子どもに楽しんで身につけてもらいたいことは何か？

<記入例>自作の筆で描く楽しさ、友達と線の比べっこを楽しむこと、本物のような道具を
作ることで日常生活の道具に親しむこと、書き初めと連携し日本文化に親しむこと、など。

④環境について考える

→ 活動場所はどこがよいか？

<記入例>保育室のコーナー遊びの 1 つとして設ける、ホールで広机を複数使用する、など。

⑤その他の配慮について考える

→ ねらいを効果的に達成するために何を加えるとよいか？

<記入例>本物の各種筆を集めていろいろな線を楽しむ、長さの異なるひもを使って友達と
長さ比べをする、など。

⑥部分実習指導案を完成する

　以下の指導案の空欄に、あなたの考えた事柄を具体的に書き込んでみましょう。

主な活動：筆を作って線を引こう！	
対象児：5歳児20名	
【子どもの実態】 （参考例） これまでの園での生活の中で、手触りや色、形、大きさなどから見立てて、自分のイメージに合うものを身近なものの中から見つけて遊ぶことが多くなっている。幼児なりに、ものの特性を感じたり捉えたりしていると見受けられる。正月に書き初めを実際に経験してきている。	【ねらい】

時間	環境構成	予想される子どもの活動	保育者(実習生)の援助・配慮点
10：30	・用意するもの	◎保育者の話をみんなと一緒に聞く。	・実際に保育者がやって見せる。
11：10		◎片付けをする。 ・完成した作品を乾燥させる。	・子どもが自分から率先して、片付けをすることを認める。

《5》 題材テーマ5「雪で遊ぼう」（3、4、5歳児）

　雪が降り積もった日には予定を変更して雪遊びに取り組めるように、あらかじめ指導案を考えておきましょう。雪に触れて遊ぶ中で、雪の特徴を知ったり感触を楽しんだり、新たな経験を広げることができます。

＜材料＞
ゼリーカップなどの空き容器、どんぐり、葉、絵の具

①導入（子どもへの問いかけ）について考える

→ 雪や氷についてどんな言葉がけが考えられるか？

<記入例>雪に関する歌について、なぜ降るのか、感触はどうか後で触ってみよう、など。

②道具や材料について考える

→ 用意したい必要なものは何か？

<記入例>前もって家から持参した空き容器、園庭に備えてある遊び道具を転用、細かく刻んだ色紙類、保育者の製作品を戸外に飾っておく、など。

③活動のねらいについて考える

→ 子どもに楽しんで身につけてもらいたいことは何か？

<記入例>冬の自然現象を感じ取る、冬の生活を楽しむ、雪や氷を使って見ても遊んでも楽しいものを作る、雪や氷の感触を感じる、など。

④環境について考える

→ 戸外での活動か？

<記入例>保育室で導入を行いそれから園庭へ出る、ベランダに道具を用意する、など。

⑤その他の配慮について考える

→ ねらいを効果的に達成するために考えられることは何か？

<記入例>プラスアルファの手助けや準備として雪や氷について書かれた科学絵本の活用、アイス屋さんの店員役でビニールのエプロンを身に着ける、など。

⑥部分実習指導案を完成する

　以下の指導案の空欄に、あなたの考えた事柄を具体的に書き込んでみましょう。

主な活動：雪で遊ぼう	
対象児：3、4、5 歳児 20 人	

【子どもの実態】	【ねらい】
（参考例） これまでに各年齢の子どもは自然の水や砂、泥に触れて思う存分遊ぶ中で、諸感覚を通して感じ取り、表情やしぐさ、自分なりの言葉で表すことができている。雪は冬ならではの特別な体験であり、機会があるたびに遊んできている。	

時間	環境構成	予想される子どもの活動	保育者(実習生)の援助・配慮点
10：30	・用意するもの	◎保育者の話をみんなと一緒に聞く。	・実際に保育者がやって見せる。
11：10		◎片付けをする。 ・完成した作品を飾る。	・子どもが自分から率先して、片付けをすることを認める。

[参考文献]
文部科学省「幼稚園教育要領」2018
厚生労働省「保育所保育指針」2018
内閣府、文部科学省、厚生労働省「幼保連携型認定こども園教育・保育要領」2018

MEMO

....

....

....

....

....

第15章 領域「表現」の目指すもの

「表現」は、子どもの感動体験を基盤に感性と創造性、そして表現しようとする意欲に深く関わる領域として位置づけられていることをこれまで学んできました。一般的に、子どもは全てが「自分・自己」といったことを起点として物事を考えます。そこから、感じ、考えたことを自分のイメージに合わせ、様々な表現につなげていきます。本章では、子どものもつ可能性を引きだすための活動例を手がかりとして、領域「表現」の目指す方向性について考えてみましょう。

1 ICT の活用

現代の子どもは、携帯電話やインターネットなどデジタル化した社会の中で生活しています。幼児期になると日常的にパソコンやタブレット端末に触っています。小学校においては、地域差はあるものの環境整備はかなり進んでいます。その流れを受けて、保育活動の中にも情報機器の活用を通して、直接的な体験につなげる方法を身につけることが幼稚園教育要領などで求められています。ここでは保育現場でのメディア活用の事例を取りあげ、幼児教育とメディア教育の動向と課題について考えてみましょう。

《1》 保育の場におけるメディア環境と利用の現況

2015（平成 27）年に NHK が幼稚園を対象に行った調査結果[1] を見ると、パソコン、インターネットからアクセスできる教材（メディアソフト）の利用は 11％、タブレット端末の利用は 5％と、家庭でのインターネット普及率およびモバイル端末の普及率と比較すると低い水準であるといった報告がされています。また、「幼児期の子どもがパソコンやタブレット端末に触れることは、内容如何に関わらず、好ましくないと思うか」といった質問に対して、「とても思う、思う」は 48％と、保育現場でのパソコンやタブレットの導入に対しては慎重な意見が多いことが分かります。理由として、パソコンやタブレット端末導入による視力や身体のへの悪影響、対人コミュニケーションの減少などがあげられています。このように考えると、メディア活動は、子どもの直接体験を重視した保育実践と対極にあるものとして否定的な見方も多くあります。保育の場で日常的に利用されているメディアは、絵本、紙芝居といった紙媒体（印刷物）が主流であり、CD などの音媒体、DVD といった映像媒体なども多くの園が用いているメディアといえます。一方、パソコンやタブレット端末などを他

の活動と組み合わせて利用することによって、幅広い保育の展開が期待できることも事実といえます。

　幼稚園教育要領などでは、特に、表現活動において、子どもたちがもっている創造性を高めることを補完するためのツールとして活用することが推奨されており、保育の場におけるICT（情報通信技術）の活用は、新しい表現方法との出会いや表現の幅を広げるなど、学びの効率化というよりも動機づけとして捉えられている傾向があります。

《2》 表現活動における ICT とは

　幼稚園教育要領では、「幼児期の直接的な体験が重要であることを踏まえ、視覚的教材やコンピュータなどの情報機器を活用する際には、幼稚園生活では得難い体験を補完するなど、幼児の体験との関連を考慮すること」と記されています。視聴覚教材は、OHP（オーバーヘッドプロジェクタ）、OHC（実物投影機）、各種映像など、多くのものがあります。また、コンピュータの活用は、世界各国の教育研究機関によって提唱されている「21世紀を生き抜くために必要とされる汎用的スキル」として、保育の場においても積極的に取り入れていくことが望まれます。

《3》 情報機器の活用例

　以下は、日常的に情報機器を保育活動に取り入れている園の事例です。いずれも、操作が比較的簡単で活用の幅も広い情報機器です。

❶ ブラック・シアター 〜年長児からの贈り物〜

　暗幕や黒色布を背景にした舞台を用意します。Pペーパーという不織布に蛍光絵の具で色を塗って作った紙人形を用いて、物語を演じます。部屋を暗くして、ブラックライトを照らすことで、蛍光カラーの紙人形が色鮮やかに浮かびあがる様子は、ときに幻想的で、子どもたちも思わず身を乗りだすほど見応えがあり、感動をもたらします。この園では、毎年、年長児が、その年の出し物のテーマを決めます。「シンデレラ」や「ピーターパン」といった夢のあるテーマを子どもたちは好みます。創造性を膨らませながら、セリフなども子どもたちが考えます。保育者の援助のもと、音作りやライトの操作など、子どもたちが役割分担し、発表会を作りあげていきます。

❷ 絵本づくり 〜タブレット端末のソフト（iPad を一例として）で絵を描く〜

　2人で1台の iPad を使います。「大人になったら……」をテーマにし、1人1見開きを担当します。表・裏表紙は2人で共同製作です。テーマに基づき、話し合いを始めます。ど

んな絵にするのか、どんな色にするのか、さかんにアイデアを出し合っています。iPad には、クレヨンや色鉛筆、ステッカーなど複数の画材がアプリケーションとして用意されているため、気軽に絵が描けます。失敗してもすぐ消せるので、友達同士で教え合いながら作業を進めていきます。保育者のアドバイスは最小限に止めているようです。この活動では、2 人で 1 台の iPad を使用する、テーマに添って話し合いやアイデアを活発に行うなど、与えられた環境の中で自由な表現を育むことをねらいとしています。

❸ 歌で楽しむ音楽ゲーム 〜音楽ソフトを使って〜

　マイクを持って子どもが歌うことにより、簡単に作曲できるというソフトです。子どもと保育者の応答によって節を作っていくなどの方法が考えられます。どのような曲ができるのか、協同的な作業を通して子どもたちは楽しく表現していきます。

　今まで音楽に関心がもてなかった子どもも、思うまま自由にクリエイティブに表現する楽しさに出会うことになるでしょう。

《4》 ICT を活用した保育の検討

　「創造性を育む保育における ICT の可能性」について考えると、実践面でいくつかの問題点があげられます。第 1 にコンピュータなどの環境整備にかかる費用、第 2 に保育現場の関係者の意識に差があるといったことです。ICT を取り入れた保育を行っていく場合、保育者の ICT スキルの向上は欠かせません。ICT 環境の整備、ICT を取り入れた保育内容のデザインの検討と合わせて、保育者が自らのスキルを高めていくようにしたいものです。

2　多様な表現と総合的な表現

《1》 劇遊び

　好奇心の塊である子どもは、自分以外のものになりきって遊びます。子どもは現実と異なる世界をイメージ化し、いろいろなものを頭の中に入れていきます。5 〜 6 歳頃の子どもにとって劇遊びは、それまでの自己中心的な思考から他者を意識しながらの表現として意義深いものといえるでしょう。子どもの表現力を引きだすためには、十分な時間と空間を与えること、動きを枠にはめてしまわないなどが指導する上での留意事項といえます。子どもたちの自然な感情や想像力による発想を生かし、動きやセリフの工夫次第で、子どもたちのオリジナルな劇遊びができます。また、衣装や小道具などの製作、リズミカルな動きと音楽との融合、さらには役としての言語表現や心情的表現など、様々な分野が集まっている総合的活

動体験が可能です。歌唱、ダンス、セリフの練習などに捉われることなく、子どもたち全員が自由に表現すること、いろいろな場面にチャレンジできる場面を設定することなどを心がけたいものです。

《2》 児童文化と表現

　子どもの周りには、児童文学や絵本をはじめとして紙芝居、人形劇、玩具などの「児童文化財」と呼ばれているものが多くあります。子どもと大人はそもそも異なる存在であり、文化面においても大人の文化と異なる「児童文化」といったことが広く認知されています。

　このように、「児童文化」と「表現」は結びつきが強く、切り離すことができない部分も多くあります。また、地域における祭りや様々な催事なども表現活動につながっていきます。保育者が地域の文化財に関心をもち、保育実践に有効に活用していく姿勢が望まれます。

《3》 保育における異文化理解・多文化共生と表現

　「外国人児童生徒受け入れの手引き」によると、2018（平成30）年度時点で小学校に在席する外国人児童の数は59,094人です。幼稚園や保育所に在席する子どもの数はデータとして明らかになっていませんが、小学校に通う児童の大半は、いずれかの保育機関で過ごしてきた時期があることは確かです。2014（平成26）年の制度改正により、外国人の児童が在籍する小学校においては、「特別な教育課程」の編成が可能となりました。これに比べて、保育の場では外国人の子どもも一緒に学んでいくことを基本としており、他の子どもと比べて多くの課題に直面することが考えられます。

　以下に、外国人の子どもを受け入れている保育所における保育者の判断と対応例を示します。

・通訳ボランティアやコーディネーターの助けを借りながら、その子どもの国の資源を使い、保育教材として活用する。
・国によって子育てについての考え方や習慣が異なるため、保護者との連携を密にし、関係性のコツをつかむ。
・言語や文化の違いではなく、その子ども自身の個性を大事にし、子どもの文化を大切にする。

　日本人の子どもたちと全て同じように同化させるのではなく、外国人の子どもの母国文化への関心を高め、園全体で認め合う姿勢を子どもたちとつくっていきたいものです。

《4》 特別な配慮を必要とする子どもへの表現指導

　特別な配慮を必要とする子どもへの対応は、保育活動において非常に重要です。子どもの安全を第一に考えることは当然ですが、個々の子どもの状況に応じた対処の仕方が求められます。その子どもが安心して活動に取り組めるような環境づくりを行うこと、保育補助や介助者の協力も得て、その子ども自身が満足感と達成感をもてるよう、表現（遊び）活動の展開を工夫することが何より大事です。

3　保育者として心がけたいこと　～表現の世界を拓くために～

　子どもたちの表現指導に携わる保育者としての姿勢を最後に確認しておきましょう。

《1》 温かい関係をつくる

　幼児を理解する上で、子どもとの温かい関係性を築くことが何より欠かせません。個々の子どもを大切にする保育者の姿勢は、幼児の保育者に対する信頼感につながり、子ども同士がお互いを尊重することにもつながっていきます。

《2》 内面を理解する

　生活の様々な場面で表現する子どもの思いを丁寧に受け止めることは、その子どもの内面に隠されたサインの発見にもつながっていきます。言葉には発せられない表情や動きといった身体全体で子どもから発信される表現を汲み取りましょう。子どもの思いや気持ちを感じ取ろうとする姿勢を常にもちたいものです。

《3》 点ではなく線で見る

　子どもの成長は長い時間をかけて完成されていきます。現在（点）だけではなく、未来（線）を見据えた長い目で子どもの姿を見ることが何より大切です。

《4》「表現」分野に関する用語

　保育の仕事では、指導計画案や教材研究の場において専門用語が多く使われます。ここでは「表現」分野に関する用語の一部を掲載しました。

表 15-1　表現に関する用語

ICT	Information and Communication Technology の頭文字で、情報通信技術という意味
アタッチメント（愛着）	特定の人物に対して結ぶ情緒的な絆
アドボカシー	代弁という意味。保育者は1日の大半を共に過ごす子どもの状況を把握することが大切で、子どもの意見を代弁することが必要
意識	記憶・感情・知覚・思考など全ての精神的現象活動の基調であると定義されている
一斉保育	保育形態や保育方法の1つ。学級全体で同じ活動を保育者主導のもとに行う活動。1989年の教育要領改訂以降、一人一人の幼児の主体性を尊重する保育形態が主体となっているが、保育者の願いを踏まえて活動の見通しをもち、幼児期にふさわしい生活として行う一斉保育は有効な保育方法でもある
インクルーシブ教育	人間の多様性を尊重し、障害のある者、ない者が共に学び、一人一人の教育的ニーズに合った適切な教育的支援を通常の学級において行い、相互理解を深め、社会参加を可能にする教育
エピソード分析	ある事象を説明するために、記憶していることや観察した個人的な出来事を文章化したものを分析して、全体の理解に役立てる研究方法
エプロンシアター	胸当て式のエプロンに、マジックテープやファスナーなどを縫いつけ、そこに布で作った登場人物を貼りつけながら物語を演じる。保育者が子どもに話を聞かせる1つの方法
鏡文字	鏡に映っているように左右逆の文字を書いたものをいう。幼児が文字を覚えて書き始める頃によく起こる幼児特有の誤り
紙芝居	物語の内容をいくつかの場面に区切って絵で表現し、ストーリーの順に場面ごとの絵を重ねて観客の方に見せ、順番に絵を引き抜きながら物語っていくもの。最近では紙芝居のデジタル化も試みられている
感性	美しさ、驚き、不思議、悲しみ、喜びなど、幼児の心に深く刻み込まれ、様々な形で表現される一連の働き。感性は、豊かな環境と関わる中から育つもので、保育者など大人が醸しだす雰囲気や人間性が関わってくる
感動体験	子どもが出会う出来事の中で、心が揺さぶられたり、満ちたりた思いをもつことによって、心の発達が促される。保育者は幼児の感動を受け止め、共感し、子どもの心の内側にある内的世界を理解することが大切
共感	相手の言動や態度、表情などに表現された感情に対して、自分の感情を添わせながら、相手の気持ちを自分のもののように感じること
教材研究	幼児の周りにあるものの教育的価値を見出し、整理し、実際の指導場面で必要時に構成したり、活用したりするための準備
劇遊び	架空の世界の中で、様々な役割を演じるなど、演劇的な要素をもった幼児の遊び
原体験	人間の心の底にいつまでも残り、その人が何らかの形でこだわり続けることになる幼少期の体験
コーナー保育	子どもの興味や関心を踏まえて、保育者が意図的に用具や素材などを用意して活動を展開させる場をコーナーと呼び、コーナーをいくつか準備してそのコーナーに関わって子どもたちが自主的に活動する保育方法
ごっこ遊び	子どもが見たり聞いたり経験した事柄を表情や身振りを使って役になったり、身の回りのものをいろいろなものに見立てるなどして、一つ一つのテーマに組み立てていく象徴的な遊び
言葉遊び	言葉を使って遊びながら、言葉のもつ仕組みに気づき、言葉を習熟していく活動
コミュニケーション	広義には二者以上の間に共通するものが成立する過程。狭義にはメッセージが送り手からメディアを媒介として受け手に伝達されること

情報リテラシー	様々な情報を取捨選択し活用すること。全ての情報が正しいと思うのではなく、判断する力のこと
事例研究	保育の日常的な実践の中で、様々な事例を捉えて、それをもとに研究すること
人的環境	幼児を取り巻く環境の中で、物的環境に対して人的環境といわれるもの。保育における人的環境としては、親、兄弟、友達、保育者、地域の人々などがあげられる
ストーリーテリング	もともとは、民話や物語を口頭で語ることを指していた。具体的な実践活動は、1958 年以降アメリカの図書館で学んだ人々によって指導された。その後、図書館や文庫において「お話を語る時間」の中で定着。「語りと聞く」という関係の大切さが見直される中、保育の場で実践されるようになってきた
生活発表会	幼稚園や保育所の生活で身につけてきたことを発表する機会として、「生活発表会」という呼び方で行われている
創造性	創造性の考え方をどのような観点から捉えるかによって異なるが、一般的には新しい価値あるものを創りだすこと
素材	幼児の造形活動を行う上でのもととなる材料。自然素材、人工素材、廃材、描画素材などに分類
縦割り保育	年齢別にクラスを編成して保育を行うのが一般的だが、異年齢の子どもでクラス編成し、保育活動を行うこと
多文化共生保育	「様々な違い」を前提に、その違いを認め合い、豊かさにつなげることを目標にした保育の思想
知能	学習する能力もしくは生活経験によって獲得している能力
伝承遊び	昔から今日までずっと伝えられ子どもたちに親しまれてきたいろいろな遊びの総称
動機づけ	行動を生起する原動力となる原因。動機づけは一般的に高いほど行動が活性化され、実行水準があがるが、動機づけが高すぎると逆に実行水準が低下する
動線	子どもや保育者などが行動を起こした際の動く道筋を示す言葉
内発的動機づけ	賞罰や競争など、外的な動機によってではなく、学習活動そのものに興味や関心をもたせて、学習活動そのものに向けて動機づける場合をいう
喃語	「アー・アー」「バー・バー」など、乳児が発する無意味な音声のこと。喃語期に発せられる音声を乳児は聞き取り、それに反応して、さらに音声が発せられるようになる
認知	周囲から刺激として受け取った情報を理解したり、処理したりする知的な過程
パーソナリティ	個々人の気質・性格・能力およびそれに関する自他の評価を含む概念
ピグマリオン効果	子どもは教師（保育者）がその子どもに期待をかけるほど、効果が期待されるという心理行動をいう（教師期待効果）。子どもなりに保育者の期待に応えようとする傾向があり、日常の保育における子どもへの関わりが重視される
物的環境	園の施設・設備、遊具、情報機器、飼育栽培物など。物的環境の構成を考えるにあたっては、子どもたちの自主的で主体的な活動を促すような有機的な関連を考えていかなければならない
平行遊び（並行遊び）	パーテンによる遊びの分類によるもので、他児と同じ場にいるが互いの交流はなく、それぞれが自分の遊びをしている状態をいう
見立て	子どもがいろいろなものを理解していく過程で、そこに実物がなくても自分の体の動きや身近にある玩具などを用いて、そのものを表そうとする行為
レッジョ・エミリアの保育	イタリア北部のレッジョ・エミリア市を中心に展開されている保育実践。特徴として、あるテーマに関心をもった子どもたちが小グループでその主題をめぐって様々な媒体を用いて表現していく。国際的にも注目され、「子どもたちの 100 の言葉」としてその理論がまとめられている

植原清（編）『2018 年度版役立つ保育・教育用語集』大阪教育図書，2018 より著者一部抜粋・改変

[引用・参考文献]
1) 小平さち子「幼児教育におけるメディアの可能性を考える：2015 年度幼稚園におけるメディア利用と意識に関する調査を中心に〜」
『放送研究と調査』66（7）,2016,NHK 放送文化研究所 ,pp.14-37
文部科学省「幼稚園教育要領」2018
文部科学省「学校基本調査 平成 30 年 5 月 1 日現在」2018
文部科学省「学校教育法施行規則の一部を改正する省令（特別な教育課程による日本語指導）」2014
植原清（編）『2018 年度版役立つ保育・教育用語集』大阪教育図書 ,2018

MEMO

....

....

....

....

....

....

....

....

....

....

....

....

....

PART
3
第15章

著者プロフィール・担当章

編著者

上野 奈初美
［うえの なうみ］
▶ 第 1・2・15 章

小田原短期大学 教授
【専門領域】健康科学・身体教育学

著者

佐藤 みどり
［さとう みどり］
▶ 第 3・4・12 章

小田原短期大学 特任教授
【専門領域】舞踊教育学、舞踊家（さとうみどり）
としての創作活動

高地 誠子
［こうち せいこ］
▶ 第 5・6・13 章

東京未来大学子ども心理学部 准教授
【専門領域】芸術学、ピアノ指導と演奏活動、
幼児向けピアノ導入指導と音楽表現遊び

水野 道子
［みずの みちこ］
▶ 第 7・8・14 章

小田原短期大学 准教授
【専門領域】幼児造形、図画工作、保育内容、
美術教育史

宮川 萬寿美
［みやかわ ますみ］
▶ 第 9・10・11 章

小田原短期大学 特任教授
小田原短期大学乳幼児研究所 所長
【専門領域】児童学、保育発達臨床（臨床発達
心理士）、心理劇

STAFF

デザイン	荒張悦子
DTP	株式会社 RUHIA
楽譜浄書	株式会社 MCS
イラスト	かみやかよこ、本田美祈子（株式会社 MCS）

表現指導法

感性を育て、表現の世界を拓く

2020年4月1日　初版第1刷発行
2024年4月1日　初版第5刷発行

編著者	上野奈初美
発行者	服部直人
発行所	株式会社萌文書林
	〒113-0021　東京都文京区本駒込6-15-11
	TEL 03-3943-0576　FAX 03-3943-0567
	https://www.houbun.com
	info@houbun.com
印刷・製本	中央精版印刷株式会社